勉強ができる子に育つお母さんの習慣

好妈妈跟我学
全球教子智慧

日本妈妈的学霸小孩养成课

［日］和田秀树◎著
王筱敏◎译

中国经济出版社
CHINA ECONOMIC PUBLISHING HOUSE
·北京·

译者序

在初拿到这本日文书稿时，我还是个不到一岁婴儿的母亲，引进这本书的编辑也是一个婴儿的母亲。我们两个新妈妈第一次头碰头讨论这本书时，不约而同地对里面的一些论调大加不满，“什么要培养刻苦学习的孩子啊，我们就希望自己的孩子能够轻松快乐的成长，才不会给她什么压力呢。”“学得好不好的我们不会强求，开心最重要。”“我才不希望孩子以后变成小书呆子，整天只知道学习。”

我在翻译本书的目录和前言时，还是抱有这样的想法，觉得这本书只适合那些望子成龙、望女成凤的家长看。而当我翻译到一半时，却忍不住打电话给编辑，告诉她这本书居然有一种奇妙的魔力，已经慢慢转变了我的思维。

中国社会和日本社会是很相似的，尤其在学校教育体系方面，孩子都会经历中考、高考，以及上补习班这样的过程。我本人毕业于北外，先学习英语，然后又学习了日语，在日本留学完成了社会学的研究生课程。可能我自己并未留意，但在我的求学过程中，经历了从普通小学、普通中学，再到重点中学、名牌大学，以及海外的名牌大学这样一个过程。我的父母亲是工农兵大学生，他们对于我的学业的监督从不放松。而对于自己的女儿，我不指望她成为一个大学者或者科学家，但我也希望她能够得到良好的教育，成为一个智慧聪颖的女性。我对女儿的希望与这本书作者的观点不谋而合，放任孩子去玩是不会让知识自动跑到他们脑子里的，家长需要做的是帮助孩子，减少求学时的困苦，让孩子体会到学习的乐趣，享受学习的过程。

在翻译这本书的时候我得到很多启发，其实作为母亲，在孩子的求学过程中是能够起到很大作用的。正如作者所说，我们可以陪伴孩子做功课，从小就帮助孩子养成自主学习的好习惯；我们在看电视闲谈的时候要注意言辞，要在孩子面前多传播正能量；我们要每天和孩子聊聊天，看看她在学校发生了什么事情，有没有受欺负；我们要在孩子追星、打游戏时正确引导，让孩子的爱好也成为他上进的动力；我们要在孩子受到挫折时鼓励孩子，不让孩子的自信心得到伤害。

原来作为妈妈，我不仅仅要看崔玉涛、郑玉巧教的生理知识，培养孩子的健康体魄，还更需要看这样的育儿书，学习怎样成为一名合格的母亲。

在我的宝宝一岁的时候，我给孩子写了封信，信里我对孩子说：可能我笨手笨脚粗心大意，宝宝曾摔倒受伤；可能我夜里贪睡照顾不周，宝宝踢了被子着凉发烧。妈妈很内疚，觉得对不起宝宝。但是请宝宝一定不要怪罪妈妈，因为我也只当了一年妈妈，还是一个新手，我在努力学习怎么成为一个合格的妈妈。

所以宝宝，让我们一起成长吧。我也希望自己能够通过翻译、学习这样的育儿书，成为不仅能保证孩子身体健康茁壮成长，还能端正自己教育孩子的态度，学习怎样成为一个能帮助孩子进步的妈妈。

所以，我也希望看到这本书的妈妈们，请不要先抗拒孩子成为学霸，而是静下心来，看看这位身兼心理学家和教育家的和田秀树先生是如何帮我们出了各种高招，让我们这些迷惘困惑的妈妈知道该怎么说，怎么做，怎么以身作则，怎么言传身教，怎么让孩子体会到学习的乐趣，怎么引领孩子走上一条勤学上进的道路的。让我们的孩子成为爱学习、会学习、享受学习的人吧。

本书中的译者注资料均引自网络。

王筱敏

2015 年 8 月于北京

前言

曾经，所有的母亲都希望自己有一个爱学习、会学习的孩子。但是在当今社会，这种价值观念受到了动摇。我们经常在大众传媒上，或者所谓的评论家口中，听到他们鼓吹这样的观点：“比起学习来，为人之道更重要”，或者说“只要孩子不在学校受欺负就行了”，“让孩子掌握人际交往的能力比读书更重要”，等等，而认同这些观点的妈妈也越来越多。

21 世纪是知识社会，世界经济学者皮特·托拉克如是说。

在工业化发展更加深入的 21 世纪，科技发展日新月异，机器人将被广泛应用，机器可以完成大量原属于人的工作。在这样的时代，知识分子都将供大于求，那么不掌握知识的人则更难在社会上生存。

这种状况是好是坏我也无法判断，但是这样的时代确实到来了。

在日本有很多大学肄业生，或者高中毕业生。这类学生很难被大公司大企业录用。日本的一流企业，更愿意雇佣来自中国或者韩国的优质人才。可见外国人成为日企老板的时代指日可待。而外资企业更看重的是外籍人才的高学历和优秀的素质。因此，随着科技的不断进步，国际化影响的越发深入，学习能力强的人的价值就更加显现。

反过来说，不具备学习能力的人，在这个社会更难以生存了。机器人可以全天 24 小时不间断运行（而人力只能保证每天工作 8 小时左右），工作起来可以全年无休。机器人不会有加薪的诉求，也不会对搭档的同事有任何意见。即使与人力成本比起来要稍微贵一点，但相对于整个企业的综合运营成本来说，用机器人要比用人划算得多。

按照这种状况发展下去，不具备学习能力的人可以选择的工作就非常有限了。他们可能只能选择做看护病人的工作，因为这个工作不需要很高学历。而普通的体力劳动和工厂生产将逐步被机器取代，想靠卖力气赚钱也越来越难了。

可能还有不少的妈妈认为孩子会不会学习是天生的，而不是后天培养的。

实际上，有不少的妈妈自己上学时就常常考试失败。她们可能也下过功夫念书，但是成绩还是没有提高，因此垂头丧气，认为后天的努力还是拼不过先天的资质。

其实我本人初中时期学习成绩也不好，身边学习好的同学几乎都来自父母具有高学历的家庭。我本人出生于一个普通家庭，父亲是关西一所二流私立大学的毕业生，母亲只是女子高中毕业。但是我通过努力学习，逐渐领会了学习的方法。虽然高知高学历的家长在子女的教育上占有优势，但即使在父母具有高学历的家庭里，也有一些孩子因不懂得学习方法，不懂得学习的重要性，而最后成为劣等生的例子。

因此，我为了众多正在为孩子学习所苦恼的妈妈们写了这本书。我希望能够通过她们来告诉孩子们，学习是重要的，提高成绩的学习方法是可以掌握的。

我这里最想说的是，家长们需要了解每一个孩子都是一个独立的个体，而每个人的个性和能力都有差异，因此适用每个孩子的学习方法也有所不同。妈妈可以做到的是督促孩子在小学低年级就开始努力，因为在这个阶段，单纯追求好的考试成绩是比较容易的。而当孩子的考试分数高了，就会对自己更有自信，那么随着学年的提高，孩子的学习成绩会继续保持名列前茅。

针对不同年龄层孩子的特点，我还在本书的最后一章提供了一些学习方法，以供参考。

我希望这本书能够对提高孩子的学习能力有一些帮助，让孩子变得能学习，会学习。

写到最后，我想借此机会，对为此书出版发行而辛勤工作的PHP出版社的铃木隆先生和加藤贵之先生致以诚挚的谢意。

目录

第一章　妈妈想教育孩子，首先需要了解“为什么学习那么重要”

第二章 养成“会学习孩子”的妈妈的共性

第三章 为了培育“有干劲儿的孩子”，妈妈应该怎么做

第五章 为了培养“注意力集中的孩子”，妈妈应该怎么做

第六章 为了培育“学习好的孩子”，妈妈应该怎么做

小学四年级至六年级阶段

第一章

妈妈想教育孩子，首先需要了解“为什么学习那么重要”

世界成就“学霸”，企业需要“学霸”。

现在的世界已经变成一个“超学历社会”了

从现在开始，年轻人要想在世界上立足就必须要努力奋斗，否则难以安身立命。要知道现在的世界已经进入了“超学历社会”，全世界的孩子们都在努力学习以取得更高的学历。

但是在日本，却充斥着“学历社会已经终结了”或者“光靠学历很难生存”之类的说法。这些论调是与世界的发展趋势背道而驰的。现在，没有高学历就难以生存的时代已经来到。严酷的现实是——只有拥有超高学历的人才能获得好的工作、赚取高薪，而学历低的人则很难找到工作，并生活贫困。

美国社会对于阶级差异是很宽容的，即便如此，那些找不到工作的学生们，也认为自己是被压迫的社会金字塔的最底层，并不断举行示威游行。在中国也有难以就业的莘莘学子，他们中的一部分最终成为啃老族。而日本的现状是很多大学生毕业后仍待业在家，靠吃救济度日。

曾几何时，日本大学生一毕业就能顺利找到工作，而现在这种情况已经一去不复返了。现在，即使从东京大学毕业也很难找到工作的学生也大有人在。如果能够认清这样的现实，妈妈们就不得不督促孩子们要开始好好学习了。

孩子在差不多十七八岁的时候就要参加大学入学考试了，而在这个年龄阶段，学生的学习水平也基本决定了考试成绩，以及将来的发展潜力。孩子在 7 岁到 18 岁之间的阶段正处于上学时期，如果在这 12 年中孩子能够控制自己，不胡乱混日子，能坚持努力学习，那该多好。

无论这样的现实是好是坏，拿不到高学历，就过不上人上人的生活。

即使身在东京大学，也要对国际社会抱有危机感

在当今世界，大学之间的竞争十分激烈。全球大学排名也经常更新，日本能够挤进全球大学排名前一百的只有东京大学和京都大学（原文注：此数据来自英国《泰晤士报高等教育副刊》大学排名 2012—2013

年版）。但是东京大学的排名仅为第 27 位，而京都大学排名更低仅为第 54 位，也就是说，全世界比东京大学、京都大学优秀的大学还有很多。

东京大学是现在全日本最好的大学，即便如此在世界上还排不进前 20 位。因此东京大学也该有一些的危机感，这样的排名和地位也不是固定的。东京大学面对的竞争对手是美国哈佛大学、斯坦福大学，英国牛津大学等超一流大学。

在 9 月开学季，东京大学也不断在接受外国留学生，并努力为本校学生创造更多的出国留学机会。这种种努力，是东京大学为了提高全球排名的一种表现。

家长和教育界以往更多关注的是教育减负和提高学习能力等问题。大家普遍认为，这些都只是学习差的孩子的问题，而东京大学的学生个个能力强，肯定没有这样的烦恼。

但是现在时代已经不同了，日益激烈的国际竞争导致了日本的名牌大学也感受到了威胁。东京大学现在也有危机感和紧迫感，以前人们说“上了东京大学就可以安心了，而现在的家长更应该清楚地知道，世界已经进入超学历社会了。”

有些人认为“考上东大，不一定能获得幸福的生活”，他们的意思是“学历什么的并不重要”。我认为这种说法现在则应该解释为“要想得到幸福，就得有比东京大学更高的学历才行啊!”

如果不上世界排名前100的大学，就很难被大型公司录用

日本内阁在教育振兴会议上提出：在今后的十年间，日本要争取有10个以上的大学进入全球名校排名榜，东京大学和京都大学的排位要有所提升。

全球名校排名榜为什么一经发表就备受关注？因为无论是美国、欧洲还是亚洲诸国，都越发重视学历。而各家企业在录取员工时，也更加看重学历。

超一流的跨国公司在录用工作人员时往往会要求“优先录取全球名校排名榜中的哈佛、斯坦福毕业生”，榜外大学毕业生不占优势，或者有“优先录取该国名牌大学毕业生”的优秀人才引入机制。企业这样的录取条件可要比日本人想象的还要严格得多。

无论在日本国内提倡“要改变以学历取人”的人如何叫嚣，全世界向“超学历社会”发展的脚步却从未停歇。

因此现在考虑考量高等教育，不仅要重视国内的情况，更要考虑大学在世界上的排名。

日本有种说法，把努力学习的孩子叫作“勤学生”，好像努力学习的孩子就都是书呆子一样。而妈妈们也通常不喜欢自家的孩子被人说成“勤学生”。但是如果我们能够以更加开阔的视野展望全球，就该知道在别的国家，众多的妈妈们和孩子们都在“为赚钱谋生而努力学习”，这才是普遍的认识。

世界成就“学霸”，企业需要”学霸”。各国都尊重 18 岁前那漫漫 12 年的寒窗苦读。吃得苦中苦，方为人上人。

儿童时期的学习是最扎实的

一个人在其儿童时期获得的学习成果是其一生所获知识的基础，因此十分重要。

如果一个孩子不学习就没有学历，长大成人之后也就不具备学习能力，因此他很难找到一个好工作。退一步说他找到了一份不错的工作，而他既不会写汉字也不会算账，恐怕工资也不多吧。而且他的工作很难有保障，一旦失业就会失去收入来源。

如果一个人从孩提时代就开始坚持努力学习，收获了丰富的知识，掌握了正确的学习方法，他就能考取名牌大学，从而找到一份称心如意的工作，自然而然地进入高工资高收入阶层。虽然可能和美国的富豪们相比还差了一些，但是当一个人的年收入能达到1000万日元、2000万日元（相当于年入100万元人民币）那也是很了不起的了。

大学毕业的学生刚开始工作时薪金水平都差不多，但是不同学历的人，从入职第二年、第三年开始，收入差距就会从500万日元、700万日元乃至1000万日元开始逐渐拉开了。

学历不同的人工资不同，那么每年的收入就会有500万日元到1000万日元的差额。如果一个人平均工作40年，那样算起来全部工资的总额可就不只相差2亿日元（相当于上千万元人民币）了。再加上福利、退休金等其他收入的差距，总收入的差额高到惊人。

有统计表明，在一流企业工作的人和在其他行业工作的人相比，人生总收入的差别能达到2亿日元（约上千万元人民币）。

我常常拿着这个数字给面临高考的学生讲“你们现在学习，相当于每学习一小时，就赚20万日元（约一万元人民币）！”

“只要你们经过现在这一年的刻苦学习，就能够在之后与其他人的人生总收入有上千万日元的差距！如果一个人平均需要花1000小时学习，那么就相当于你每学习一个小时就赚一万元钱！如果到麦当劳这种快餐店去打工，工作很辛苦也不过挣1000日元①（合50元人民币）这么比较的话，学习一个小时就能赚那么多钱，还是打学习这个工更轻松、更值得啊！”

要知道，高三的学生对于金钱的概念和成人是相同的，听了“学习一小时就能多赚20万日元（合一万元人民币）！”这个理论而开始努力学习的孩子可不

---

① 日本快餐店打工的时薪为约800～1200日元左右，相当于人民币50～80元。

少呢。

虽然说高三冲刺这一年的学习是至关重要的，但是从小学到高中这十几年间的坚持不懈的学习才能使学习成绩提高。

从小学五年级到高中三年级这八年的时间，如果持之以恒的努力学习，就能比其他人多赚到2亿日元（相当于上千万元人民币）。这样算来，也相当于平均每年赚2500万日元（约100万元人民币）呢。

学生时代的刻苦学习，相当于年入2500万日元（约百万元人民币）的高薪工作。这样算来，学习真是高回报的买卖啊。

如果年入百万日元，那说不定比爸爸的工资还要高吧。原来“在家埋头苦读的学生”实际能比爸爸赚得还多啊。这赚来的100万日元可要算到孩子头上，当然还有辅导孩子学习的妈妈头上才对。这么划算的买卖，恐怕没有人会不做吧。所以爸爸妈妈要携起手来，帮助孩子一起好好学习吧。

另外，既然有每年2500万日元（约合130万元人民币）的回报，那么爸爸妈妈即使要节衣缩食，勒紧裤腰带，也要把钱花在家庭教育基金上。教育才是最好的投资！

不要被“东大毕业生遭裁员”的新闻所蒙蔽

想当初日本企业的终身雇佣制度①可是享誉世界的，但是那个时代早已结束了。如今即使从东京大学毕业，在知名企业里工作的员工，也有可能面临下岗失业的风险。我们在电视里、报纸上，也能看到所谓“东大毕业生遭裁员了！”这样的报道，真是让人觉得又奇怪又可笑。

看到这样的报道，可能有的孩子会想“连东大生都失业了，那我还学习什么呀”，因此认为学历根本一文不值。

要知道“东大毕业生被裁员”这样的事能上新

---

① 终身雇佣制是由创立于1928年的松下公司提出的日本企业第二次世界大战后的基本用人制度。终身雇佣制是指从各类学校毕业的求职者，一经企业正式录用直到退休始终在同一企业供职，除非出于劳动者自身的责任，企业会解雇劳动者外，企业主一般不会因经营问题主动解雇员工的雇佣习惯。终身雇佣制与年功序列制、企业内工会被称作日本式经营的“三件神器”或三大支柱。

闻，是因为这实在是凤毛麟角，少之又少的稀罕事。换句话说，要是碰到哪个高中毕业生下岗了的事，那就太普遍太寻常了，没有上新闻的价值。

简而言之，高中学历或三流大学的毕业生面临的裁员压力更大，而东大毕业生在面临公司人员调整时则会相对比较安稳。究其原因，那是因为这是一个学历改变命运的时代。

也就是说，即使一个东大毕业生被裁员了，他也会很快另谋高就。比如当时当日本兴业银行、富士银行、第一劝业银行等多家金融机构合并重组成日本瑞穗实业银行①的时候，就有很多东大毕业的业界精英都被辞退了。

那么这些被辞退的人最终去哪里了呢？他们或者被外资银行聘为高管，或者在外资企业里重新就职，

---

① 日本瑞穗金融集团（Mizuho Financial Group）是2000年9月29日由第一劝业银行、富士银行和日本兴业银行开始组建，2003年1月正式成立，资本金1兆5409亿日元，为世界金融集团之首。在三菱东京金融集团和UFJ金融集团（三菱UFJ金融集团）合并前曾是日本资产规模最大的金融集团。集团公司拥有1200名职工，在人员规模上也是日本金融控股公司中最大的。该集团下辖4大金融机构，其中有瑞穗银行、瑞穗法人银行和瑞穗信托银行三家银行，以及瑞穗证券公司。

都得以继续成就自己的事业，东山再起。

由此可见，外资企业对于学历的重视程度是超过日本人的想象的，他们迫切的需要东大毕业生。

有些从私立文科专校毕业的人，由于他们考学的科目不包含数学等科目，因此在平时就疏于对数学等逻辑性科目的学习。这样的人要想转行从事外资企业金融类型的工作就相对困难。而东大毕业生则不同，他们在校期间就对数学等各个科目加紧学习，自身也就具备了从事金融行业的相应素质。可以说，东大毕业生即使面临一时下岗的窘境，但得到“事业第二春”的机会也很大。

东大毕业生大多都有一技在身，即使被解雇也很容易找到其他好工作。虽然跨国大企业有时会进行人员调整，解雇一批人以降低人力成本，但是东大毕业生可以凭借自己一身的好本领，很快被中小型企业所录用，重新就职。

来自中国和韩国的外资企业对于这样的人才一直虎视眈眈。因为在中国和韩国，人们更加看重学历。各国企业的老总都深知，东京大学是日本第一流的大学，东京大学里人才济济，而企业正急需这样的高素质人才。他们甚至愿意付高薪，以高于日企两三倍的薪资来吸引高素质高学历人才。因此可能这是个连东大生也会面临解雇风险的时代，但这也是一个东大生能够立刻再就业的时代。

如果父母亲再有机会和孩子一起看电视时，看到“东大毕业生被辞退了”这样的新闻，妈妈可以趁机给孩子好好解释说：“看起来即使是东大毕业生也有可能被公司解雇啊，但是因为东大生都聪明过人、学历出众，他们很快就能再找到工作的，有时候说不定还能找到更好的工作呢!”

要让孩子从小知道贫困的生活有多么难过

在我小的时候，常常听母亲这样说：“你要是不好好学习就过不上好日子，没钱的日子可不好过啊!”因此小时候我也常常会想“我可不想过没钱的苦日子”，于是便埋头苦学。

其实我的母亲从小生活富足，第二次世界大战后家境落魄，开始过穷日子。我的外公因家境富裕，曾在东京艺术大学上学，他很有艺术修养和气质。但可惜艺术不能当饭吃，所以他后来又学了厨师，转行在军营炊事班里谋生。

随着第二次世界大战后军队解散，我的外公失业了。那时候全家无以为生，过着贫困的生活。我的母亲后来在这样艰苦的环境里长大，她过穷日子过怕了。

其实这样的生活不仅是我外公一家经历，第二次世界大战后大多数的人都因无业而饥寒交迫。但是母亲告诉我，她知道有原帝国大学①的毕业生可以在一两年间就再找到工作。那时候大部分普通百姓们度日艰难，但是拥有高学历的人能够就职领工资，让全家衣食无忧。

虽然母亲是想激励我好好读书，所以说这话有些夸张的成分，但是在经历过因学历不同而境遇天壤之别的生活之后，母亲切身地体会到了学历的重要性。

---

① 帝国大学，英语译名“Imperial Universities”，指日本在第二次世界大战前所设立的国立综合大学。当时在日本国内及其殖民地上共有九所帝国大学，分别位于东京、京都、东北（仙台）、九州（福冈）、北海道（札幌）、大坂、名古屋、京城（现首尔）及中国台湾台北市。

要让孩子了解，这个世界存在贫富差异

我的父辈经历过战争，他们体验过战前、战时和战后的艰苦生活，切身地体会到了人情冷暖。他们这一代人经历了战后贫困的初期，常常能够看到不同的人的不同境遇，一般高学历的人才能够找到好工作。

日本经济逐渐复兴时期，即使学历不高的人也能找到体面的差事，赚取工资养活全家。也就是从那之后，人们逐渐对学历越来越不重视了。大家发现既然高中毕业生也能进入一流企业赚取高薪，那高学历也就没之前那么有优势了。

但是，从 20 世纪 90 年代开始情况又发生了变化。人们忽然发现，即使在一流企业里任职，也有可能面临公司人员精简而失去工作。终身雇佣制结束了，人们找份工作就能一直做到退休的时代结束了，就职的稳定性不能够得到保障了。

近年来，大学毕业生一直面临找工作难的困境，现在有很多大学生在毕业后很难找到一份劳动合同稳定的工作，导致很多年轻人消极度日，整天在网吧里

消磨时光。跟二三十年前相比，现在谋生变得更加辛苦了。因此妈妈可以告诉孩子，当今日本的现实是，阶级和贫富差距越来越大了。

造成阶级差异其实有很多原因，比如政治问题、社会问题等一系列复杂的原因。另外还有一个很重要的因素就是个人的能力差异。简单地说，如果一个人的能力不够强就找不到一份好工作。如果一个人平时在做事上就懈怠，那么他和那些从点滴小事就努力的人相比，就会逐渐拉开差距。这样的道理妈妈应该和孩子讲清楚，让孩子具备一定的危机感，这样学习起来就会更加有动力。

另外妈妈也可以把那些社会底层人的生活情况告诉给孩子。比如妈妈可以给孩子们讲，那些一毕业就待业，成天浪迹网吧的“网吧难民”①，生活多么艰辛啊！“他们待业在家、混网吧、没经济来源，不能独立，想做什么也做不了。他们有病也没钱去医院，

---

① 网吧难民是指由于各种原因（欠租、家庭理由等），而不能够再居住于自己的家中或公寓，而转到 24 小时营业的网吧或漫画馆吃茶度宿的人。自 2007 年起，日本的传媒使用这个名词去取代露宿者。和一般由于年纪大而求职困难、或没意愿求职的露宿者不同，很多网吧难民都是有心寻找工作，但只是做一些日薪临时工的年轻人。

想结婚生孩子更是难上加难啊！”

但是妈妈要记住，说这些话的目的只是为了告诉孩子，“不好好读书就可能面对的困难”。不能让中学生们对待业人员，甚至流浪汉产生歧视或者想去欺负的念头，这一点妈妈要特别注意。

妈妈可以给孩子这样的忠告：“要是过上那样的生活就太辛苦了。现在这个时代，说不准哪天谁就会沦落街头。所以我们可不能笑话他们，不然说不定哪天就会被人取笑了！”

好好学习，那么过上幸福生活的概率能高一些

有人说“好好读书就能过上好日子”。这种说法没错，因为从概率上讲，好好学习的孩子能够过上好日子的概率要高得多。

好好学习的孩子在将来能够选择职业的空间更大。孩子们往往梦想着成为医生、律师、宇航员、新闻主播、演员或者足球明星。仔细想想如何能够最终实现梦想，当然首先是要好好学习了。

如果孩子想当医生，那么他首先要学习医科专业，没有专业知识的话任何人都是当不成医生的。所以说看一个人能不能当成医生，差不多在他十八九岁高考的时候就已经决定了。另外如果孩子在大学选读了医科专业，还是可以转职做其他的行业的。比如日本的向井千秋①和古川聪②，都是先当了医生而后转行做的宇航员。

因此，好好学习的孩子，就有可能上东大，读医科，那么他们想成为医生或者宇航员的梦想就有可能实现。现在的很多新闻主播或者演艺明星都是从东大毕业的。

反之，不好好学习的孩子，就无论如何也当不成医生或者宇航员。如果一个人连大学入学考试都没通

---

① 向井千秋（原名内藤千秋，1952 年 5 月 6 日至今），日本宇航员、外科医生。向井千秋出生于群马县馆林市，就读于庆应义塾女子高等学校、庆应义塾大学医学系。她是日本第一位女性宇航员，也是首位两度登上太空的日本宇航员。她在太空滞留时间总共为 23 天 15 小时（566 小时）。

② 古川聪（1964 年 4 月 4 日至今），日本宇航员、神奈川县横滨市出生。在荣光学园高校学习时期受当医生的叔父的影响而立志升入后东京大学医学院，致力于消化系统外科临床及相关研究。某日在和孩子观看宇航员招募影片时产生对宇宙的热情。2011 年 6 月 8 日乘搭联盟号执行为期约 5 个月半的第 28、29 次国际太空站（ISS）长期滞留任务。古川连续滞留宇宙 167 天，成为该记录最长的日本人。

过，那么他在十八九岁的年纪就不得不放弃自己儿时的梦想了。想成为新闻主播的孩子在看电视时可以发现，现在各个电视台里，低学历的新闻主播几乎没有。他要知道，如果考不上一个好大学，也就从事不了他梦想的主播行业。可以说，不好好学习的孩子，将来职业选择空间非常狭窄。

为什么人与人之间有那么大的差距？可能很大程度是因为，有些人实现了自己的梦想，而有些人却不能。好好学习的孩子，即使将来当不上宇航员或者新闻主播，他也有可能去从事很多其他的职业。但是不好好学习的孩子，选择其他职业的可能性就小之又小了。如果一个孩子梦想着当体育明星，而他却每天只顾着在操场上踢球，放弃必要的学业，那恐怕他成为职业足球运动员的风险也很大。可以说学习使孩子职业选择的范围扩大了。当一个人的学习能力强，学历越高，他将来选择职业时的自由度也就越大。

一个人如果希望实现自己儿时的梦想，从而获得幸福，就需要拥有很大的职业选择权。从这点上说，好好学习的孩子能够获得幸福的概率更大。从概率的角度来说，学习是一项划算的投资了。

第二章

养成“会学习孩子”的妈妈的共性

了解考试的技巧

有些妈妈能从成功者的学习方法中汲取经验，从而培养出会学习的孩子。如果妈妈能将成功者的好方法进行总结，并善于应用，那么孩子就更有可能获得成功。精明的妈妈可以向考取东大的人取经，了解他们是如何通过考试的。

每年在各大高考补习班里，都有很多辅导员是考上东大的。他们深知“考取东大是有一定方法的，而了解这些方法将有助于自己通过考试。”恐怕没几个人会自以为是的想：我可以完全不听取别人的经验，全靠自己埋头学习，就能考上东京大学。

在每年考取东大的合格者中，有些人是天资聪慧的奇才。他们大多来自默默无闻的普通学校，在这些学校里，能够考取东京大学的学生属于凤毛麟角。这些学生无从借鉴、无从参考，更没有办法从老师或者学长那里学到考试的技巧。他们只能万事靠自己，每天起早贪黑，勤学苦练，下了苦功夫才能最终考取东京大学。

而对于来自其他高中的考试合格者来说，与其说他们是凭自己的聪明才智考上东大，不如说是因为他们掌握了考取东大的方法，而最终获得成功的。要知道，各个名校补习班都有一套自己的独家方法和看家本领，考生们若是能习得这些本领也就有助于考试成功。

获得考取东京大学的“秘籍”

我曾经写过一本书，名为《考试的要领》，非常畅销。我也因此收到了很多来自东京大学在校学生的反馈。他们告诉我：“我是因为读了这本书而考上东大的！”而我那本书里到底写了什么呢？实际上全书就是部分东大学生的考试成功秘诀。

这些考试成功的诀窍就是所谓“传说中的秘籍”，所谓秘而不授的稀世珍宝，而我恰恰把这些诀窍都写进书里了。

考生们一旦有了这本“秘籍”，就能开始“修炼”了。很多高中生因为读了我的这本书而考取了东大。换句话说，因为有了“秘籍”，考取东大如同探囊取物，变得容易了。

我当时在写这本书时，书店里同类型的书非常少。而现在有很多东大考试佼佼者也都出了各自的“秘籍”，在书店里这样秘籍类的书有很多。考生们即使没上一所优秀的高中，他如果买了书并学习了秘籍，从普通高中也能考上东大。我相信，从初中一年级到高三这六年的时间，如果一个人运用了正确的学习方法，坚持刻苦学习，除非他有什么特别的大脑疾病，每个人都有可能考取东大。因为考试不是大脑的问题，而是方法的问题。

妈妈们可以和喜欢打高尔夫球的爸爸聊一聊这个道理。因为大家都知道，要想打好高尔夫球，只靠自己埋头苦练是不行的，而需要向高手请教。经过高手一番指点后，就连运动神经不好的人也能取得很大进步。

其实在这个世界上，基本每个领域每个工作都是这个道理。一个人如果想成为一个成功者，那么最快的捷径就是他能加入成功者的队伍，向成功者请教。

这个道理同样适用于生意场上的成功商人。商人会经常从别的企业“取经”。各企业的精英高管互相“偷艺”也是很常见的。因为他们深刻明白，成功是可以复制的，同样的秘籍可以一而再，再而三的取得成功。所谓一招鲜，吃遍天。

当然了，要是拿学习和复杂的生意场比起来，学习的秘籍要简单的多了。

如果向东大学生咨询：要怎样做才能考取东大呢？可能你会听到大致相似的回答。和生意场上必须盈利不同的是，学生想要考试合格只需要解答试卷，而解答试卷是有一定技巧的。了解了这些技巧，顺利的答题，通过考试而考取东大就不是遥不可及的梦想。

如果妈妈能够明白这个道理，就能帮助孩子获得考试的秘籍，大大提高孩子考取东大的概率。请参考这本书，快快去获取秘籍吧。

要想孩子学习好，妈妈要善于创造条件

有些孩子出生在医生世家或者律师世家，人人常常听到他们这么说：

“我的家里，父亲和兄弟姐妹都是医生，只有我不是。”

“我全家人都是律师，只有我不是。”

听到这样的话，恐怕很多人会问：这是为什么呢？为什么在这样优秀的家庭里长大，最后却没有顺理成章地成为医生或者律师呢？

可是如果反过来想，这个家庭除了这一个人，其他人都是医生或律师的话，那这个职业也差不多占全家人口总数的70% ~80%了。这么算起来，这可是相当高的比例了。

那么为什么这个家庭里，成为医生或者律师的比例那么高呢？

可能有些人会想“是不是因为这个家族里有优秀的遗传基因呢？”但大家要知道，要是一个人不努力学习，整日浑浑噩噩，那么无论他的基因多么优秀也是不能成为医生或者律师的。全家人都是医生或者律师的家庭，恐怕很大程度要归结为“家庭的氛围”。

如果在一个家庭中，父母兄弟各个用功读书，就会自然而然地让孩子有一种“一定要学习”的感受。在全家人都在凝神静心的读书气氛中，孩子很难产生

在勤学好问的氛围中，孩子自然而然就

变得爱学习，很难变得贪玩。

要自己玩电子游戏的冲动。尤其玩电子游戏就是要与人一争高下才有意思，而在全家这样的读书气氛中，没人理会电子游戏，也没人关心输赢，孩子自然而然就会觉得一个人玩起来也没意思了。

在家里的其他人都在用功读书时，孩子可能就会产生“我可不能打扰大家，我哪怕是捧本画书装装样子也得读点书啊”的感觉。在不知不觉中，孩子就会融入家庭这样的集体的氛围中。

这样一来，你的孩子虽然不是那么喜欢学习，但总在不知不觉中就在捧着书读了，而学习也就成了他的一个习惯。当学习成了习惯，那么你的孩子的学习量就会增加，学习成绩就有所提高，然后就可以顺理成章的考取东大或者医学部，再顺理成章地成为律师或者医生。

但是，如果你的家庭并不是医生世家或者律师世家，而只是个普通的工薪家庭的话该怎么办呢？这个时候就要靠妈妈来创造学习的氛围了。要记住好的环境有助于孩子学习。

比方说爸爸妈妈在家时，总时不时拿本书在读着，这样给孩子一种印象就是自己的父母很爱读书，也总在读书。家长也可以时不时地给孩子提到“东京大学很不错啊！”“当医生救死扶伤很伟大啊！”这样的话题。在潜移默化中，家长可以给孩子创造出一个不亚于医生世家或者律师世家的良好环境。

向孩子传授学习的决窍

如今我们常常能听到不少人说，“不能给孩子压力！”“学校要给学生减负减压！”但实际上当孩子有了“我要上东大”的压力后，他考取东大的概率会比较高。

请各位家长试想一下，如果真的给孩子一个完全没有压力的真空环境，孩子还能够成长么？家长把孩子放在温室里悉心呵护，不经受磨炼，不经历风雨，这样做真的是爱孩子吗？真的是对孩子负责吗？

要知道孩子也会长大成人的。当你的孩子终有一天走向社会，在他工作时就会面临来自各个方面的压力。到那时候他不仅要顶住压力，而且还要做出一番成绩，才能不辜负这份工作。特别是，当一个人的职位越高权力越大时，他所要承担的责任也就越大，所要担当的压力也会更大。在顶住重重压力的同时，他还必须发挥自己的力量。比如医生这个行业就担负着巨大的压力，医生从事救死扶伤的工作，时刻要对患者的生命安全负责。

如果家长从孩子还小的时候，就从微小之处逐步给予孩子一定的压力，这样才能锻炼孩子的抗压能力。当孩子克服了这些压力后走向社会时，才不会被一时的挫折所打倒。当然，也不能一下子就给孩子施以重压，家长要从点滴小事给予压力，才能起到锻炼孩子抗压的目的。

当然，家长还不能给孩子过分的打击，说什么“你要是考不上东大，就滚出家门”这样的话。应该从积极的方面说“你要是再努力一点，就能考上东大啦，好好学习吧孩子”。

另外在给予孩子压力的同时，家长还要给予耐心细致的帮助，帮助孩子改进学习的方法。如果妈妈只负责给孩子压力，剩下的全靠孩子自己干，那么孩子的负担可就太重了。要让孩子觉得“妈妈也那么努力地帮我，我更要好好学习啦!”

让孩子传承学习的习惯

我的父亲并非东大毕业，他既不是医生也不是律师，而只是一个普普通通的公司职员。我所成长的家庭也不懂得如何帮助孩子好好学习。因此，在我上初中一年级的时候，就出了这么一个状况。

那个时候我的补习班老师总是念叨着："只要你们能考上好中学，就能顺利上东大啦！"被他耳提面命那么多年，我和母亲都深信他的这种说法。所以当我考上重点中学①时，我就想着"这下好啦，可以放心啦！"然后我就真的开始放松下来，不好好学习了。当时我的母亲倒不在意我这么混日子，可能是因为她从小学以来就一直督促我学习，从不放松，

① 重点中学的原文为滩中学校。滩中学校是日本兵库县神户市东滩区的一所名门私立男子中学，采取的是初中高中一贯式学制。这所中学是日本关西地区最难考上的重点中学，也是课程最难的中学，很多考试补习班都有针对这个中学的专门补习课程。滩中中学在关西地区拥有最高的高考合格率、名牌大学录取率以及东京大学录取率。滩中中学的入学考试是全日本最难的，所以有说法是：进入滩中就等于进入东京大学了。

做母亲的觉得孩子怪可怜的吧。所以我们娘俩都觉得“我都上了这么好的中学了，肯定就能上东大啦!”

但是，世上哪有那么容易的事。要知道即使在重点中学，也只有一半左右的学生能上东大，而成绩占中下游的学生只能落得上二流大学了。想不好好学习就上东大，哪有如此美事!

我当初考上重点中学的时候，排名高居全校第五名。然后我一上中学就放松了，结果成绩一落千丈。在初中一年级的期末考试上，我在全年级 170 人里才排名第 120 位。这个中学从初一到初三的课程是连贯的，我在初一的课程就落后了，之后想赶上就不容易了。

如果当时有人能给我忠告说：“初一的课程也很重要啊，你不能一考上重点中学就放松要求了!”可能我就不会像开始时那样混日子了。

当时我的同学里有的家长是医生，有的是教师。这些同学的家长就会告诫他们：“绝不是你只要上了重点中学就一定能进东大的。要想考取东大，你从初中开始就要努力啦!”因此他们从初一开始就努力学习。

妈妈应该从考试成功者身上吸取经验，学习他们的思维方式，并把这些经验传授给孩子。当孩子改变了思维方式，他的学习成绩也会随之有大幅提高。

让孩子觉得学习好了妈妈就高兴了

在这个世界上有一种人，他们脑子聪明但是性格不好，为人所厌，这就是俗称的“坏脾气的秀才”。如果这个世界上只有“好脾气的秀才”，那有谁会讨厌脑子聪明的人呢？大家都会觉得这个人“脑子又聪明，性格又好，真是个好人啊！”

那么“坏脾气的秀才”是怎么产生的呢？我想大概是因为这个人从小时候起，就没有得到过父母无偿的爱。

比如说，当孩子考试成绩不好的时候，妈妈就恶言相对；反之当孩子成绩好了的时候，妈妈就温柔体贴。这可不是无偿的爱，这是有条件的爱。妈妈把“能不能考出好成绩”作为条件，以此来判断是否去爱孩子。这样一来，妈妈一手造就孩子孤僻的性格也是不足为奇的了。在这样的环境中，孩子一直认为学习是自己唯一的存在价值。他们觉得学习不好的人都是傻瓜，而自己的成绩好了就会洋洋得意。最终，妈妈把孩子亲手塑造成了一个“坏脾气的秀才”。

其实用同样的方式也能塑造出“坏脾气的美人”。比如说一个家里有姐妹两个孩子。从小时候起姐姐就容貌出众，妹妹略有逊色，而母亲只对美貌的姐姐关怀有加，而忽略了妹妹。到了中学的时候，十几岁的妹妹忽然迅速成长，出落得亭亭玉立，美丽动人。邻里间都交口夸奖着“你家的二丫头真漂亮啊!”“快让你们家老二去当演员吧!”母亲在众人的交口称赞中欢欣鼓舞，忽然转变态度开始对妹妹悉心照顾。

如此一来，失宠的姐姐对母亲逐渐失去信任，而妹妹因为渴望母亲的关爱，对自己的容貌更加在意。从她的价值观来看，会认为“人还是得看外表!”她会因此厌恶长相丑陋的人。这样的妹妹就是母亲亲手塑造出来的“坏脾气的美人”。

如果让孩子感觉到父母的爱是有条件的，就可能对孩子的性格塑造产生影响。因此，妈妈要给予孩子的不是有条件的爱，而是无条件的爱。

“妈妈爱你！正因为我很爱你，所以我希望你将来能过得幸福。要是想变得幸福，妈妈希望你能好好学习。”

妈妈要让孩子知道，你并不是因为学习好才爱孩子的，而是因为爱孩子所以希望孩子好好学习。

你不要让孩子觉得“我要是不好好学习，妈妈就不喜欢我了。我是因为害怕妈妈才学习的。”而是要引领孩子充满正面能量，“妈妈很爱我，我也好喜欢妈妈。我要是好好学习的话，妈妈会更高兴的，所以我更要努力啊！”

以前有很多人为了博得父母一展欢颜而努力学习。他们抱有这样的念头“虽然我们家里穷，但是只要我刻苦用功，好好争气，就能找到好工作。等我出人头地了，就能为我的父母脸上争光。”

你要知道的是，现在的孩子依旧希望博取父母欢颜。有很多通过东大考试的孩子告诉我：“我努力学习，就是希望看到父母亲欣慰的笑脸”。在每年东京大学的开学典礼上，每一位学生家长都会骄傲地出席，为孩子庆祝。这并不是说孩子们有所谓的恋母情结，而是因为很多孩子为了让母亲骄傲，会更加努力实现考取东大的梦想。

让学习和孩子的能力相结合

你可能听说过很多关于爱迪生的奇闻轶事。有一个传闻是爱迪生患有阅读障碍症[①]而不能自己读书。

尽管如此，爱迪生的母亲并不在意，她坚持每天念书给儿子听，一直到他的高中时代。据说爱迪生成人之后还特地聘请了秘书，专门为他阅读所有的书籍和信件。正是因为爱迪生的母亲坚持不懈的读书，才让孩子养成良好的阅读习惯，她功不可没。

要是一个普通的母亲听说自己的孩子有阅读障碍症，恐怕会焦急得不得了。妈妈可能会担忧“你怎么

① 阅读障碍症（Dyslexia），又称诵读障碍或失读症，是一种大脑综合处理视觉和听觉信息不能协调而引起的一种阅读和拼写障碍症。患者智力和一般人无差别，但在阅读和写作等文字处理上会有困难，如看字会跳行或相反等。患这种障碍症的病人以男性居多。

不能读书啊！”然后塞给孩子各种各样的书，“你读这本书试试看吧！”“你再读读这本书呀！”耐不住性子的母亲有时候还可能生气的发火：“怎么你连这么简单的字都不会读啊！”而这样的责骂会深深的伤害孩子的自尊心。孩子的自信会在责骂声中，一点一点被磨灭。

但是爱迪生的母亲没有忧心忡忡。她认为“这个孩子既然不喜欢读书，就不用硬读书了。”她采取的方法是念书给孩子听，并持之以恒。要知道爱迪生在小时候因为生病听力出现了问题。各位妈妈可以想象一下，要给一个听力不好的孩子读书听，该是件多么辛苦的事情啊！

后来我们知道，爱迪生还患有多动征（ADHD）①（注意力缺陷多动障碍，俗称多动症）综合征。爱迪生的母亲在面对这么一个不能读书，耳朵听不清还患有多动症的孩子时，仍然觉得“这是孩子的特性”。她根据孩子的特殊情况，调整方式来帮助孩子。

---

① ADHD（Attention - deficit Hyperactivity Disorder），注意力缺陷多动障碍，是一种在儿童期很常见的精神失调，又称“过度活跃症”（Hyperkinetic Disorder），一般又俗称为“多动症”。

所以说，虽然我们去学习成功者的经验，模仿并应用很重要，但更重要的是，妈妈要依据每个孩子的特性调整相应的方式。

母亲要是想培养出优秀孩子，不能仅仅一味模仿别人的做法。优秀的母亲应该看清自己孩子的特点，并将别人好的经验灵活运用。

第三章

为了培育“有干劲儿的孩子”，妈妈应该怎么做

鼓励孩子怀抱梦想

每个孩子所憧憬的梦想不同，也会影响他们学习的积极性。那些梦想成为职业足球运动员的男孩子们，比起坐在书桌前念书，他们更愿意在操场上踢球。那些崇拜偶像组合的女孩子们，比起学习则会更在意自己是不是衣着时尚，能不能歌声嘹亮。

妈妈要是想让孩子能踏实坐下来学习，就要鼓励孩子对“需要靠学习的职业”产生兴趣。

比如说，在去医院看医生的时候，妈妈就可以对孩子说“要是能当医生，该多了不起啊！”因而让孩子向往成为医生；在受伤到诊室治疗时，妈妈可以很自然的对孩子说到“这个医生真不错啊，真想成为他这样的人啊！”孩子会因此在潜移默化间产生对于学习的兴趣，他会想“我可得好好用功啦，将来也成为这么了不起的医生！”或者“只要好好学习，我也能成为这样优秀的医生啊！”妈妈可以从这样的点滴小事培养孩子的兴趣，从而激发孩子学习的主动性。

帮助孩子将自己的梦想与学习结合起来，

使孩子能够自觉自愿地去学校。

孩子的梦想各有差异是由于他们有不同的成长经历。一个孩子有过什么样的经历，看过什么样的电视节目，从父母那里听到过什么样的观点，所有的都会影响孩子梦想的形成。孩子越小越容易受到家长的影响。父母的说法和做法，很容易影响孩子的梦想。

有句俗话说“三岁看老，从小看大”，就是说一个人孩提时代所形成的观点，会持续影响他的一生。

我认为，家长从孩子小时候起，就要帮助孩子树立一定的信念，这样对孩子梦想的形成、将来选择职业，以及他本身学习的能力都可能有提升。

当家长对孩子说“那个人脑子聪明，真了不起啊!”“学习好的孩子很棒啊!”这样的话时，可以让孩子向往成为聪明的人。所以妈妈不妨老生常谈，尽可能地在日常生活中影响孩子。

大家知道，孩子往往既对足球运动员感兴趣，又很崇拜医生。正因为孩子充满无限可能，那么如果你的孩子既然对足球运动员和医生都很向往，那岂不是更好么。妈妈不用特意去贬低某个职业，去打破孩子的梦想。家长首先需要做的应该是帮助孩子怀揣梦想。

把孩子的向往与学习相结合

对于妈妈来说，要是自己的孩子梦想成为医生或者律师，那该多好。

但是，孩子的梦想可不是那么容易形成的。而且孩子所向往的职业往往与妈妈的想法不相同。比如说孩子们总是对足球运动员、偶像明星，甚至笑星小丑更感兴趣。总之，谁在电视里常常露脸，孩子就对谁感兴趣。但是妈妈可以记住，孩子的兴趣点总是忽东忽西的，所以想改变其实也不难。一个孩子可能在低年级的时候崇拜运动员，再长大点就变了，他一会儿说："我想当医生，治病救人！"一会儿又说："我想当大官，手握重权！"再或者又突发奇想说："我想成为一个宇航员，进入太空！"

首先妈妈要记住，要重视孩子当下的梦想，然后想办法将这个梦想与学习结合起来，使孩子能够自觉自愿地去学习。

比如说，如果你的孩子特别向往成为一名足球运动员。那么你要知道，如果要成为一名足球运动员，首先要具备出众的运动能力。而要想锻炼出良好的运动能力，只有通过不断地练习。你可以教导你的孩子：有很多国家级的运动员，他们都是从点滴小事就努力坚持不懈，才能最终脱颖而出、取得成功的。

“一个人如果不努力的话，就不会成功!”这个道理适用于运动，也同样适用于学习。妈妈一定要教导孩子，认识到努力的重要性。

另外，妈妈还应该教导孩子认识到，要想成为一流专业的运动员，不仅仅只要运动能力好就可以了。无论从事任何体育运动项目，运动员都必须拥有精准的“判断力”。对于足球运动员来说，他们需要在赛场上通晓全局，在奔跑中随时分辨队友和对手的位置。他们要在高强度的身体对抗中施展技术，并与队友配合，同时大脑中要迅速精确的瞄准空档，判断出脚的角度与时机。所以说成为职业运动员不仅仅是凭借优良的身体素质和运动能力就可以，而更重要的是要有清醒的大脑。运动员在赛场上大脑全速运转，时刻判断新情况。你可别小看足球这个运动，要想取胜也是要靠大脑啊!

职业棒球等体育项目也是同样的道理。棒球运动员需要根据比赛的进程，队友的状况等各项指标进行精密的判断。每一次投球出手，每一次与队友配合都是至关重要的。

电视上有时会放映日本职业棒球明星一郎[①]的纪录片。我们看了一郎的采访就能了解到，这位棒球明星参加的每一次重要比赛的过程，他每一次投球的情况以及当时所运用的技巧都铭记于心。就像下棋的高手一样，可以闭目熟记棋谱，对棋局也全部了然于心。一郎作为日本超一流的棒球明星，对于赛场上各方的情况都了然于胸。因此我说，想成为职业运动员，一定要头脑清醒。

这样一来，妈妈就可以对向往成为运动员的孩子说："你要是想成为职业运动员，就得刻苦训练。但是，如果你要想拿冠军领奖牌，也得靠脑子才能取胜。那些一流的冠军健将可不只是四肢发达头脑简单的。想当冠军你也得刻苦学习，磨炼聪明的大脑才行啊!"

---

① 一郎，全名铃木一朗，1973年10月22日出生，日本爱知县西春日井郡人，棒球运动员，效力于美国职棒大联盟西雅图水手队。他以卓越的棒球成绩，在当年在日本社会上形成"一朗旋风"，成为日本全民偶像。

想成为优秀的职业运动员只凭借优良的运动能力是不行的，还要通过学习磨炼聪明的大脑。

现在即使做演艺明星也得脑子好

如果你的孩子非常崇拜笑星，那么作为妈妈，也要根据他兴趣的不同，适当调整不同的教导方法。

如果你的孩子所崇拜的笑星恰好是高学历的人，那么你可以跟孩子说："那个人从那么好的大学毕业，一定头脑聪明。你要是不努力学习，可就不能成为那么优秀的人啊！"

但是，如果你的孩子所喜欢的笑星学历并不高，你其实也可以通过批判的方式，传达同样的道理"这个人真有意思啊，别看他看起来傻乎乎的，其实可真是聪明啊！"

我自己也常常上电视参加节目的录制。我深深知道，电视行业可不仅仅是银幕前所呈现的样子。我对于明星在幕后的艰辛也略知一二。有很多看起来傻乎乎的笑星，实际是按照导演的剧本来对角色进行演绎的。而更多的笑星成名靠的是自己潜心琢磨，研究如何制造笑料，如何抓住观众的笑点，如何抖包袱最有效果。

所以妈妈在看到那些小品相声时，也可以告诉孩子“这些是演员，他们是用演技在演出一个傻乎乎的角色。”

实际上，现在的演艺明星也日趋高学历化。尤其是新近的演艺明星、笑星等大腕，几乎每个人都是头脑聪明且拥有高学历的。所以现在有个新名词叫“高知艺人”，在知识竞猜类节目中很多明星都会一显身手。那是因为一个人如果头脑不够聪明，知识不够丰富，也是当不成演艺明星的。

如果妈妈在陪孩子看知识竞猜类电视节目时，看到一些歌星笑星解答问题十分出彩时，不妨抓住时机，对其聪颖之处大加赞扬，说：“这个人太聪明了！这么难的问题都能回答出来啊！”

众所周知，现在名人的演讲不再是死气沉沉，一本正经的照本宣科了。在演讲中适量增加幽默的成分，引得众人一笑会使演讲的效果更出色。而如何能够恰如其分的表达幽默，正是一个人智慧的体现。

如果你的孩子很喜欢某个笑星①，你不妨这样对他说："你很想成为笑星是吗？现在出名的笑星也都是从好大学毕业的，不好好学习怎么能知识丰富，大脑聪明呢。笑星想要逗人发笑可不只是装傻搞怪，制造笑料还是要靠聪明的头脑啊！"我想这也是一种好方法，妈妈可以应用，把孩子向刻苦学习的道路上指引。

可以赞扬女子偶像组合 AKB48 中优秀的部分

有很多年龄较小的孩子，尤其是女孩子，非常崇拜偶像明星。现在在日本最火爆的偶像明星，恐怕要数 AKB48 了。

但是小女孩的喜好通常不定性，很多小时候崇拜偶像明星的孩子随着年龄的增长，会对以往的偶像嗤

---

① 日本的笑星和中国的笑星有所不同，中国的笑星主要是小品、相声演员，而日本专门有笑星大会，通常由一个人或两个人出演。日本笑星或是赤裸身体，或是互相嘲讽，或是装疯卖傻，或是撒泼打滚。这些笑星会参加电视台各种节目，卖力演出同样的段子，以使自己的笑话成为流行语，在中学生间尤为流行。但日本笑星的地位很低，通常在各个电视节目都中扮演被欺负的笑料。

之以鼻，“AKB48 什么的，都是小孩子喜欢的东西!”所以妈妈在发现孩子有偶像崇拜时，不要过于担忧。

当妈妈发现自家的孩子很喜欢 AKB48，这时妈妈不如去迎合孩子，说：“AKB48 组合的女孩子们都很漂亮很可爱啊!”当听到自己的妈妈说出这样的话时，孩子的想法很有可能受到影响。女孩子们甚至会嫉妒自己的偶像，妒忌她们得到自己妈妈的赞美。

因此妈妈要趁着这时找出自己孩子胜于偶像的闪光点，让孩子觉得自己其实比那些明星更出色。比如妈妈可以让孩子觉得“我虽然不像明星那么有人气有粉丝，但是我的数学很好啊，和她们比起算数来，我肯定能赢的”。或者让孩子感到“我的英语特别出色，别看是明星，风光动人，但说英语还没有我流利呢。”

妈妈在这个时候要是赞美孩子说：“这些 AKB48 的小姑娘可不如我闺女学习好啊!”你的女儿听到后一定会觉得很高兴的，也很可能因此更有学习的动力了。

如果妈妈们很担心孩子因为沉迷追星会荒废学业，而不断诋毁 AKB48 的穿着打扮，说她们一点都不可爱啊什么的，就会造成反效果。孩子们反而会逆反的更在意偶像组合的穿着打扮。女孩们总想着自己要更胜于她们的形象，想变得更可爱，反而会花大量的精力去关心梳妆打扮。

妈妈哪怕在自家孩子身上只找出一两个闪光点能胜于她的偶像，孩子都会因此充满自信。如果妈妈赞扬孩子学习成绩比她们强，那么你的孩子也会对学习更自信，更愿意去学习。

同样的道理也适用于男孩子。日本的男孩子一般都很崇拜那些能够打入高中棒球决赛甲子园的运动健将。妈妈也可以针对这一点，表扬自己的孩子虽然棒球打不过那些运动健将，但是学习成绩比他们强多了！

给孩子看优秀励志的漫画书

在我小时候，著名漫画家手冢治虫①的《怪医秦

---

① 手冢治虫（1928—1989 年），日本漫画家、动画家、医生、医学博士。曾创作了铁臂阿童木、独角兽等经典漫画形象。1973 年的漫画作品《怪医秦博士》又名《怪医黑杰克》，是其批判社会现实的名作。主人公 Black Jack 外表冷漠、离经叛道，但是医术高明。

博士》风靡于世，小孩子几乎人手一册。有不少人因为看了《怪医秦博士》这本漫画而对医生产生兴趣，从而走上从医之道。

现在日本五十多岁的医生里，有不少人是因为小时候读了《怪医秦博士》而崇拜医生，从而从事医生这个职业的。因为书中的主人公秦博士是位医术高明的外科医生，所以在外科医生中，受到这本漫画书影响的人更多。

我在和一些日本知名的外科医生聊天时也发现，《怪医秦博士》这本书对他们很多人都有深远的影响。我发现那些五十多岁，严肃慎言、惜字如金的名医大家，只要聊到怪医秦博士这个话题，就会神采飞扬，流露出一种少年般激动的神情，一下子就打开了话匣子。

我想这是因为少年时期所读的漫画书，会对一个孩子的人生观、价值观的形成，甚至对他的整个人生都会产生深远的影响。妈妈也要注意，让孩子读什么书，看什么电视节目，都会影响到他的价值观。

《怪医秦博士》这本书之所以风靡于世，让人爱不释手，在于其故事情节跌宕起伏，人物的情感细腻真挚。在这本漫画书中，主人公常常会治疗一些绝症患者。当读者读到那些已无药可医的患者得到秦博士的救助后，通过一次艰难的手术而奇迹般的死而复生时，就会非常的感动。

这部40年前创作的漫画一直流行至今，现在的有线电视台仍会时不时播放由该漫画改编的动画片，书店里也仍会销售《怪医秦博士》的漫画和DVD。我想，妈妈不妨同孩子一起，坐下来观赏这部优秀的动画片。

新近的电视节目中，反映医院题材的电视剧也有很多。妈妈也可以和孩子一起来看看这些描写医生生活、医院题材的电视剧。但也有些电视剧重点是描写医生之间复杂的人际关系，这些情节孩子理解起来很困难，所以我建议妈妈选择一些单纯明快的，描写医生救死扶伤的电视剧来和孩子一起看。

请妈妈们为了培养孩子对医生的向往，给孩子选择一些好的电视剧来看吧。如果孩子看了电视剧认识到“当医生真了不起啊！”也就足够了！

可以和孩子聊聊医生对世界的贡献

我们都希望孩子能够踏实学习，那么妈妈可以多和孩子聊一聊未来的愿望。每个孩子都对未来充满梦想，而要实现这个梦想，家长就要让孩子知道学习是实现梦想的必经之路。

以前在给孩子立志时，大人往往引用伟人的名言。孩子们也很愿意听那些名人传记，了解他们如何通过学习，改变了自己贫寒的生活，从而成为一个能为世界做出贡献的人。

以前的孩子大多出身贫苦，所以伟人从草根发迹的经历特别能够引起共鸣。而现在的孩子大多生活富足，对贫困的生活并不了解。但是他们仍会对伟人为世界做出的贡献感慨，被他们救人于疾苦的事迹所打动。现在的年轻人普遍认为，与其做个有钱人，不如作个对社会有贡献的人。因此他们更容易被伟人为拯救穷苦人所做出的贡献而感动。

日本儿童常常听到老人讲述野口英世①的故事。众所周知，野口英世小时候因为意外而身患残疾，但他仍刻苦学习走上医学这条道路，最终成了一名著名的医生，拯救了世界上很多绝症患者的生命。有很多孩子都对这个传奇般的野口医生的故事感兴趣。不过传说野口英世的性格十分的古怪无厘头，我建议妈妈不妨把这一点略去不说，尽量让孩子对于医生高明的医术产生兴趣。

其实在医学这个领域，有很多的人都是通过自身的勤奋学习最终成为名医，为世界做出巨大贡献的。妈妈不妨多查一查相关的资料，时常对孩子讲述这些医生的故事，这样可能会让孩子越来越对医生充满向往。

妈妈可以给孩子讲一讲野口医生的恩师北里柴三郎②的故事。北里柴三郎是庆应义塾大学医学部的创

---

① 野口英世（1876 年 11 月 9 日—1928 年 5 月 21 日），日本医学家、细菌学家。出生于福岛县耶麻郡猪苗代町。他对细菌学有深入的研究，并为了研究黄热病而前往西非的英属黄金海岸（今加纳共和国）生活，最后身染黄热病而离世，享年 51 岁。为纪念他对世人的贡献，2004 年 11 月后改版的 1000 日元纸币印有他的肖像。

② 北里柴三郎（1853 年 1 月 29 日 – 1931 年 6 月 13 日），日本医学家、细菌学家。他发现了鼠疫病毒，被称为“日本细菌学之父”。

始人，他也创建了北里大学医学部的前身。他还曾进入了诺贝尔奖的候选人名单。

在北里柴三郎小的时候，弟弟因患霍乱夭折了。他因此立志一定要成为一名医生。他努力求学，考入了东京大学医学部（当时的东京医学院）。之后他留学德国，主攻细菌方面的研究，成为首位发明血清疗法的人。他的研究成果拯救了世界上千千万万的患者生命。妈妈可以把北里柴三郎的故事讲给高年级的大孩子，可能会使他们更关注考取医学系。

还有一位高木兼宽①，他也是通过自己的努力学习而成了一名医生，创建了东京慈惠会医科大学。高木兼宽出身贫寒，但他十分重视学习特别是医学方面的课程，之后成了海军的军医。他后来留学德国，通过夜以继日的勤学苦读，在一群德国同学里脱颖而出，取得了优异的成绩并获得奖学金，之后他又毅然回国。

那个时候，日本的军队里因为脚气而死亡的战士

① 高木兼宽（1849—1920 年），日本海军军医总监，以通过食物改良预防脚气方面最先获得成功而著称。

很多。患此病者，初觉两脚麻木、行动不便，渐及上肢，或突发心脏病而死亡。因其病始于足部，所以古人名之曰脚气。其真正的病因是维生素缺乏。高木兼宽仔细研究了脚气的病因，认为士兵营养方面出现了问题。他因此调整了海军的伙食结构，取得了很好的疗效，挽救了很多战士的生命。

我认为如果妈妈多讲一讲这些人的事迹，就能让孩子很容易对东京大学医学部、庆应大学医学部、北里大学医学部、慈惠医科大学等医学类学校产生向往之心。

但也可能这些故事都有些年代久远，不容易和孩子产生共鸣，因此我建议妈妈也可以给孩子们讲一些当代的故事。2012 年的诺贝尔生理学或医学奖获得者山中伸弥①教授的故事就不错。妈妈们可以好好查一查山中伸弥教授的事迹，并且告诉给孩子山中教授

---

① 山中伸弥（1962 年 9 月 4 日至今），日本医学家，日本京都大学再生医科研究所干细胞生物系教授，诱导多功能干细胞（iPScell）创始人之一，成体干细胞研究的先驱。2009 年，凭此获拉斯克基础医学奖；2012 年 10 月 8 日，山中伸弥与约翰·格登共获诺贝尔生理学或医学奖。山中伸弥也是继田中耕一之后，第 2 位第二次世界大战后出生的日本人诺贝尔奖得主。

的研究成果是多么重要，为世界带来了多么大的贡献。我认为这么近期的故事可以让孩子们感到更加亲近。

山中伸弥教授所创造的诱导多功能干细胞（iPS-cell）它就是一种可以让成熟细胞坐上“时光倒流机”，回到初始原点的一种细胞。山中教授在2007年发现诱导人体表皮细胞使之具有胚胎干细胞活动特征的方法，诱导出的干细胞可转变为心脏和神经细胞，为研究治疗目前多种心血管绝症提供了巨大助力。

孩子们一听到“时光倒流机”这个词汇，一定会特别感兴趣。如果妈妈这个时候说“山中教授那么努力的工作，研究出一种能让细胞乘上“时光倒流机”回到过去的特别物质。看来医学真是很神奇啊！”我想孩子们听到这些故事，一定会对医学更加感兴趣的。

想做宇航员也需要高学历

现在的孩子们都十分崇拜宇航员。无论是漫画书还是电视动画里，体现宇航员题材的《宇宙兄弟》（作者：小山宙哉[①]都十分的流行。我认为孩子们崇拜宇航员，想成为宇航员都是一件可喜可贺的事。因为一个人要想成为一名真正的宇航员，就要通过十分刻苦艰辛的学习。如果不是最出色的人才，没有最优秀的大脑，就不可能被世界最巅峰的智囊集团NASA（美国航空宇宙局）[②] 或JAXA[③]（宇宙航空研究开发机构）录取。

我们可以看看历代日本宇航员的学历：毛利卫[④]

---

① 小山宙哉（1978年9月30日至今），出生于京都府的日本男性漫画家，代表作有《宇宙兄弟》。

② NASA，美国国家航空航天局（National Aeronautics and Space Administration，NASA），是世界上最大的民用航天机构。1958年10月1日正式成立，总部位于华盛顿哥伦比亚特区。

③ JAXA，日本宇宙航空研究开发机构（Japan Aerospace Exploration Agency，JAXA）简称宇宙机构、宇宙航空机构，是负责日本航空太空开发政策的独立行政法人，主要研究、开发和发射人造卫星入地心轨道。其他任务包括探测小行星和未来可能的登月工程。宇宙航空研究开发机构隶属于文部科学省，2003年10月1日由3个与日本航太事业有关的政府机构文部科学省宇宙科学研究所（ISAS）、航空宇宙技术研究所（NAL）、宇宙开发事业团（NASDA）统合而成，总部设于原航空宇宙技术研究所总部。

④ 毛利卫（1948年1月29日至今），宇航员、日本宇宙航空研究开发机构职员，出生于北海道余市町。毕业于北海道立余市高等学校与北海道大学理学部。毛利卫在1985年被美国国家航空航天局选为候补宇航员，并于1992年执行过STS－47任务，成为日本首位进入太空的宇航员。目前为日本科学未来馆馆长。

毕业于北海道大学；向井千秋和星出彰彦①都毕业于庆应大学；若田光一②毕业于九州大学；土井隆雄③、野口聪一、山崎直子④和古川聪都毕业于东京大学。其中，向井千秋和古川聪两位都是医生。这些日本的宇航员个个都是头脑发达的高才生，有半数以上都来毕业于东京大学。

如果孩子说：“我长大要当宇航员！”妈妈不妨趁

---

① 星出彰彦，1968 年出生在日本东京。毕业于新加坡的东南亚联合世界学院；获日本庆应义塾大学的机械工程学学士学位；休斯顿大学库伦工程学院的航空航天工程理学硕士学位。1999 年 2 月，星出彰彦与古川聪、山崎直子三人被选为登上国际太空站宇航员候选人。星出彰彦成为 STS－124 任务组的一员。前往国际空间站的 STS－124 任务将是完成日本“希望”号实验室配件运输工作要进行的三次太空飞行活动的第二次。

② 若田光一（1963 年 8 月 1 日至今），JAXA 航天员，出生在日本埼玉县大宫市（今埼玉市）。2013 年国际太空站执行任务，并于 2014 年担任了两个月太空站站长，为首位日籍国际太空站站长。

③ 土井隆雄（1954 年 9 月 18 日至今），宇航员、天文学家，出身于东京南多摩郡。就读于大阪府立三国丘高等学校、东京大学工学部毕业。土井隆雄在 1985 年被美国国家航空航天局选为候补宇航员，并于 1997 年执行过 STS－87 任务，也是日本首位进行太空漫步的宇航员。土井隆雄目前正在执行 STS－123 的任务，将日本实验舱与国际太空站相连结。

④ 山崎直子（1970 年 12 月 27 日至今），日本的第二位女性宇航员。2006 年 2 月，取得了搭乘运用技术者的资格。她的丈夫是“世界第一位民间商业宇航员”山崎大地。在 2010 年 4 月，山崎直子在 37 岁时搭乘“发现”号航天飞机前往国际空间站，参加设备组装的任务，成为第 8 个日本宇航员。

机告诉他："宇航员很了不起呢！你要是真的成了宇航员，那妈妈会很高兴的。要是想当宇航员就一定要努力学习，才能磨炼出一个聪明发达的大脑。你要知道，当宇航员的人都是来自东京大学或者其他特别好的大学，他们在大学里能学习到许多关于宇宙的知识呢。"这样妈妈就能够将孩子的志愿和学习结合起来，促使孩子学习更有动力。

如果孩子对宇航员非常感兴趣，妈妈不妨也给孩子讲一讲诺贝尔奖获奖者的事迹。

日本首位诺贝尔奖获奖者是汤川秀树①博士，后来在基本粒子物理学领域，日本又有几人获得诺贝尔奖，可以说日本在基本粒子物理学领域处于世界前沿地位。基本粒子物理学是研究宇宙结构、宇宙形成的一门学科。

---

① 汤川秀树（1907 年 1 月 23 日至 1981 年 9 月 8 日）日本理论物理学家，生于京都府京都市。他主要研究位于原子核内部使质子与中子结合的强交互作用，并在 1935 年发表文章推测其之间应有介子的存在。1947 年，英国物理学家塞西尔・鲍威尔从宇宙线中发现 π 介子，同时也证明了汤川的理论。他于 1949 年获得诺贝尔物理学奖，成为首位获得诺贝尔奖的日本人。

只有拥有最优秀大脑的出色人才，

才可能当上宇航员！

2002 年，小柴昌俊[①]博士获得诺贝尔物理学奖，在天体物理学领域的研究取得重要进展。2008 年小林诚[②]博士和益川敏英[③]博士因共同提出了“小林—益川理论”—这是一个解释宇宙形成的重要理论—而获得诺贝尔物理学奖。

妈妈想要给孩子解释这些理论可能比较困难，所以不妨告诉孩子：“科学还不能完全解释宇宙的组成，

---

① 小柴昌俊（1926 年 9 月 19 日至今），日本物理学家，日本学士院会员。现任东京大学国际基本粒子物理中心（ICEPP）高级顾问、东京大学荣誉教授。出生在爱知县丰桥市。2002 年与户冢洋二、梶田隆章共同获得潘诺夫斯基实验粒子物理学奖。同年因其“在天体物理学领域做出的先驱性贡献，其中包括在探测宇宙中微子和发现宇宙 X 射线源方面的成就”获得诺贝尔物理学奖。并相继获得了德国总统奖、欧洲物理学会特奖、日本仁科纪念奖、朝日奖、日本学士院奖、文化勋章、以色列沃尔夫奖等一系列殊荣。

② 小林诚（1944 年 4 月 7 日至今），以研究 CP 破坏闻名的日本物理学家，因与益川敏英共同提出小林—益川矩阵，可以解释电荷宇称不守恒的现象，并预测当时尚未发现的至少三族以上的夸克，而获得 2008 年诺贝尔物理学奖。他生于爱知县名古屋市。现为高能加速器研究机构名誉教授、独立行政法人日本学术振兴会理事及财团法人国际高等研究所研究员。

③ 益川敏英（1940 年 2 月 7 日至今），日本物理学家，以提出小林—益川模型而闻名于世。益川敏英也因此项贡献与小林诚及南部阳一郎共同获得 2008 年的诺贝尔物理学奖。小林—益川模型是用来描述顶类型和底类型夸克之间通过 W 粒子弱相互作用的耦合强度，将卡比博矩阵推广到三代夸克，并可以用来解释弱相互作用中的电荷宇称对称性破缺。

而科学家们对于这一方面的很多研究做出了贡献。有很多的科学家夜以继日的进行研究，努力想解释清楚宇宙的结构，他们还因此获得了诺贝尔奖。所以孩子啊，如果你想更了解宇宙，就要好好学习了呀！”这样妈妈就可以把孩子逐步向学习的方向进行引领。

喜欢电脑的孩子可以把比尔·盖茨树做榜样

有些孩子可能对于伟人的事迹并不感兴趣，这个时候妈妈可以给他讲一讲现代成功者的例子，或者那些通过自身努力而成为富翁的人的故事。

比如，妈妈可以给孩子讲一讲比尔·盖茨[1]或者

---

① 比尔·盖茨（Bill Gates，1955 年 10 月 28 日至今），美国著名企业家、软件工程师、慈善家以及微软公司的董事长。1975 年，盖茨和童年伙伴保罗·艾伦创建微软公司，微软成为全球最大的电脑软件供应商，31 岁成为世界首富，曾连续多年登上《福布斯》全球富豪榜榜首。2008 年 6 月 27 日告别微软，之后致力于慈善事业。2013 福布斯全球亿万富豪榜排名第 2 位。

马克·扎克伯格[1]（Mark Zuckerberg，社交网络 Facebook 的首席执行官）的故事，有些孩子可能对他们更感兴趣。即使有些孩子对他们的名字比较陌生，妈妈也可以告诉他们："这些人就是你每天使用的电脑软件的制造者哟。"这样孩子会更容易接受他们的故事。

微软的创始人比尔·盖茨是肄业于美国哈佛大学的高才生，社交网络 FACEBOOK 的创始人马克·扎克伯格是他的校友，也是毕业于美国哈佛大学的高才生。搜索引擎谷歌 Google 的两位联合创始人拉里·佩奇[2]

---

① 马克·艾略特·扎克伯格（Mark Elliot Zuckerberg，1984 年 5 月 14 日至今），生于美国纽约州白原市，是知名的社交网站 Facebook 的首席执行官和主席，同时也是一名软件设计师。Facebook 是由他和哈佛大学的同学达斯汀·莫斯科维兹、爱德华多·萨维林、克里斯·休斯于 2004 年共同创立。2010 年 12 月，扎克伯格被《时代杂志》评选为"2010 年年度风云人物"。截至 2011 年，他的个人资产估计为 135 亿美元。2012 年 5 月 19 日和华裔女友普莉希拉·陈成婚。

② 拉里·佩奇（Lawrence Edward "Larry" Page，1973 年 3 月 26 日至今），搜索引擎 Google 的创始人之一，现为 Google 公司的产品总监，2011 年 4 月 4 日佩奇正式出任谷歌 CEO。截至 2013 年 10 月，佩奇的个人财富估值为 249 亿美元，位居《福布斯》美国富豪排行榜榜单的第 13 位。

（Larry Page）和谢尔盖·布林[①]（Sergey Brin）都毕业于美国斯坦福大学。

在给孩子讲他们的故事时，妈妈可以采取多种多样的方法。重要的是，妈妈要向孩子传递一个信息，就是每个孩子都可以通过自己的刻苦学习，可以考上优秀的大学，成为一个成功者。

“比尔·盖茨是创造了你现在使用的视窗系统的人，他可一直是世界首富呀！他非常有才，大学入学考试时，数学考了满分，考上了比东京大学更棒的哈佛大学。因此才能创造出全世界人都在使用的软件呢。”

“你平时是不是常用谷歌搜索引擎啊。用这个软件是不是你想查的信息，都能查到呢。制造这个软件的人可真是了不起啊，他们可都是高才生，是美国一流大学斯坦福大学毕业的呢！”

在电脑软件的世界里，基本上所有跨国大企业的

---

① 谢尔盖·布林（Sergey Mikhaylovich Brin，1973 年 8 月 21 日至今）美国籍俄罗斯犹太裔企业家。他出生在苏联一个犹太人家庭。5 岁那年，布林跟随父母一起移民美国，从而开始了他美国式的成功历程。谢尔盖进入美国斯坦福大学不久就对搜索引擎产生了兴趣。1998 年他和拉里佩奇共同创建并开始管理 Google。他在 2013 福布斯全球亿万富豪榜排名第 21 位。

员工都精于数学，头脑出众，且都是名牌大学毕业的人。当然只有史蒂夫·乔布斯[①] Steve Jobs，苹果公司创始人）一个人是个例外，因此格外醒目。

如果你的孩子对电脑很感兴趣，妈妈不妨趁机把学习的重要性告诉孩子："你要是喜欢电脑的话，就要好好学习数学啦，因为数学在计算机领域很重要啊！"

让孩子梦想成为一个优秀的人

如果你的孩子对于伟人事迹不感兴趣，对于世界上的成功者的轶事也不以为然的话，妈妈不妨想想身边有什么好榜样，可以让孩子以身边的人为榜样，也能起到很好的作用。

---

① 史蒂夫·乔布斯（Steve Jobs，1955 年 2 月 24 日至 2011 年 10 月 5 日），生于美国旧金山，苹果公司联合创办人。1976 年乔布斯和朋友成立苹果电脑公司，1985 年在苹果高层权力斗争中离开苹果并成立了 NeXT 公司，1997 年回到苹果接任行政总裁，2011 年 8 月 24 日辞去苹果公司行政总裁职位，2011 年 10 月 5 日因胰腺癌逝世。乔布斯让苹果产品引领全球科技潮流，2012 年 8 月 21 日，苹果以市值 6235 亿美元成为世界市值第一的上市公司。

我的父亲有一个亲戚是法官，他的三个儿子都考上了东京大学。这一家子都是高智商、高学历的人才，被一众亲戚嫉妒，说什么他们都“高高在上”。甚至有人跟自己的孩子说：“你学习差不多就行了，可别变得像他们那样啊！”而那一家人好像也很少和亲戚们走动来往。

就当亲戚众人对他们家交口称恶时，我的父母绝不会那样做。我父母反而说的是：“那家子人很了不起啊！”“全家都能上东京大学太难得了！”

我常常听父母这样说，自然而然的对东京大学充满了向往，也觉得父母说的有道理，“东京大学很棒啊！”

虽然这么说，但是我们家和法官一家也没什么来往。实际上，我从来没有和那家任何一个人说过话。现在想起来，我和那位法官伯父头一次说话，还是我刚刚考上重点中学的时候。当得知我被滩中学校录取时，我那位伯父忽然转变了态度，开始和我家来往也开始和我说话了。

但是这件事对于我来说也是件很幸运的经历，让我懂得“我只要学习好了，就能接触到这么出色的人物。”我更加坚定信心，觉得“人一定得学习好啊！”

因此我也建议各位妈妈，评论身边高智商、高学历的亲戚邻居时，不要对孩子说“他们可是高攀不上的精英啊！”而要让孩子认为“这些人头脑聪明，工作优秀，是我们的榜样啊！”

请等孩子睡着以后再批判社会

我希望各位妈妈一定要意识到，家长在孩子面前说什么做什么对孩子影响很大。

家长在和孩子一起看电视节目的时候，可能会看到一些评论家批判官僚的腐败行为，恐怕这时候家长也忍不住想随声附和：“这些官僚，没一个好东西！”或者说什么：“别看这帮当官的是东大毕业的，就知道学习不会做别的事，都是无用的人！”，等等。但我希望爸爸妈妈在骂个痛快之前，先要想一想这样会给孩子造成什么影响，三思后再出口吧。

当孩子听到家长说“东京大学出来的都是废物！”恐怕就会产生“原来妈妈不喜欢学习好的孩子啊”这样的想法，因此产生厌学情绪。要知道，每个孩子都希望成为让父母骄傲的人，而不想成为让父母讨厌的人。

有些高年级的孩子可能默默地想成为政府官员，能为国家做贡献，成为对社会有用的人。如果家长在这些孩子面前说什么“当官的都是废物!”可能就会一下打碎孩子的梦想。

我承认现在的社会上确实存在一些腐败的官僚，其中也有东京大学毕业生，最终成了社会的蛀虫。但是我也请各位家长在孩子面前稍微注意一下自己的言行，实在想要批判社会的话，不妨等到孩子睡熟后再骂个痛快吧!

当然我并不是想让各位都崇尚东京大学，或者认同所有的政府官员。我只是希望各位妈妈为了孩子的成长，能多说一些积极向上的话。我觉得多说些“东京大学很好!”“政府官员不错!”这样的话，对孩子成长没什么坏处。等孩子慢慢长大后，他自己就会对官僚机构的问题形成自己的看法。家长大可不必在孩子还小时，就让他们看到社会所有的丑恶面。

我认为在孩子小的时候，妈妈不妨多说一些这样的话：“东京大学真是一所了不起的大学!”“政府官员们每天为国家为人民辛勤工作，他们的工作非常重要！”或者“医生们救死扶伤，是个伟大的职业！”这样就会让孩子们从小就对这些职业产生向往，起到积极作用。

不去赞扬世袭议员，而是称赞名牌大学毕业的官员

在日本的政界存在不少世袭议员①，比如父子议员，甚至爷孙议员都不少见。如果家长在孩子面前大加称赞这些人的话，很容易让孩子产生“看来家庭出

① 世袭议员：第二次世界大战之前的日本政治制度明文规定的世袭制度，即日本贵族院制度，也称贵族院，可以子继父业，但在第二次世界大战以后就被全面禁止。现在所称世袭议员都是二世、三世议员，是指很多议员不是通过自己的打拼，而是通过继承父辈的福荫来获得政治资本当上总理大臣或内阁大臣的。世袭者把当地的政治当作个人的私物，也不给其他候选人任何机会，而在议员在任时，也拼命地为家族企业捞好处的行为就是日本式世袭。这种世袭议员大都是继承了父亲或祖父母等亲属的选举地盘（后援会）而当选为主。这些世袭议员因为有很多基础，有选举地盘，比起其他新人来选举时条件很优越。如果当选了，选举地盘会更加稳固。这样，世袭的议员现在在日本政坛越来越多，约占全部众议院议员的40%，还有愈演愈烈之势。这样激起了各个地区选民的不满，要求变革这种日本式的世袭。

身更重要”或者“没有背景就没有前途”这样的想法。所以我建议家长，与其在孩子面前赞美那些二世议员、三世议员，倒不如称赞那些东京大学毕业的议员，或者名牌大学出身的官员。

当然，我并不是说议员的出身，家庭背景和学历是不重要的。但是现在世袭的议员越来越多，这种现象可能会让孩子感到“如果父母亲不是大官，那孩子无论如何也当不上大官了”这样的想法，而削减他的学习欲望。

因此妈妈们要让孩子明白，家庭背景并不那么重要，只要你自己好好努力，就有可能成为对社会有用的人。家长只有向孩子传授成功故事的经验，才能让孩子提高动力，坚信“只要我努力学习，就有可能成功！”

虽然现在日本政界里二世议员、三世议员很多，但是只要家长更多地去称赞那些靠自己努力成功的官员，就会让孩子懂得“家庭背景并不重要，只要我努力，就能得到机会！”

从古至今，日本的山口县①是个人杰地灵地方，多位总理大臣都出自于此。要说为什么山口县能出这么多的总理大臣，恐怕要从明治政府废藩设县说起。山口县是由原来的长州藩改制而来的。从江户末期开始，长州这个地方就一直尊崇学问，我认为这才是这里贤者辈出的主要原因（江户末期为19世纪中期，明治政府于1868年成立）。

---

① 山口县：明治维新期间，当时还是长洲藩的山口县成为倒幕维新派的重要基地，长州藩政治家辈出，形成了日本藩阀政治中占主导地位的“长州阀”。1871年日本废藩置县，长洲藩改称山口县。明治维新以后，幕府被迫“还政于天皇”，维新派人士大量进入日本政治中枢，因此明治维新后日本政局也长期由长州藩（山口县）等南方出身者把持。山口县有“政治县”的别称，出身于该县的日本首相位居各都道府县之冠。日本62位首相有9位就出自山口县，包括伊藤博文，1885年担任首相，任职2720天；山县有朋，1889年担任首相，任职1210天；桂太郎，1910年任首相，任职2886天；寺内正毅，1916年任首相，任职805天；岸信介，195年任首相，任职12241天；佐藤荣作，1964年出任首相，任职2798天；以及安倍晋三和菅直人。目前最重要的山口县政治门阀，主要就是岸信、佐藤和安倍三家。

伊藤博文[①]和山县有朋[②]曾在吉田松阴[③]设下的松下村塾中学习，他们之后也成了明治初期的总理大臣。第二次世界大战后，岸信介[④]和佐藤荣[⑤]作兄弟考取了东京帝国大学（也就是现在的东京大学），历经日本政府机构的商工省（现通商产业省）、铁道省（相当于中国的铁道部）而成为国会议员，最终成了总理大臣。

山口县人通过自己的努力，勤奋好学，最终能够成为日本总理大臣。在这个传统的感召下，以前位于

---

① 伊藤博文（1841 年 10 月 16 日至 1909 年 10 月 26 日），日本近代政治家，首任日本内阁总理大臣，明治维新元老。1900 年，加入八国联军入侵清帝国，镇压清帝国的义和团之乱。创立政友会，自任总裁，开日本两党政治的先河。1909 年 10 月，为解决日俄争端，伊藤博文到清帝国东北与俄国财政总长谈判，当他乘坐的火车在 10 月 26 日 9 时抵达哈尔滨车站时，被后来的朝鲜民族主义英雄安重根击毙身亡。

② 山县有朋（1838 至 1922 年），日本军人，政治家。长洲藩士出身，早年参加“尊王攘夷”活动。历任陆军卿、参军、参谋本部长、内务大臣、农商大臣。1909 年伊藤博文死后，成为日本最有权势的元老，对内阁的交替和重大内政外交问题都有重要影响。

③ 吉田松阴（1830 年 9 月 20 日至 1859 年 11 月 21 日），日本长州藩出身的武士，是日本江户幕府末年的思想家、教育家、兵法家。明治维新的精神领袖及理论奠基者。在井伊直弼为镇压“尊王攘夷”派志士而制造的“安政大狱”事件中，吉田松阴于 1859 年 8 月被解至江户，11 月 21 日被处死。著作有《讲孟余话》《幽囚录》《留魂录》。

④ 见下页注释①

⑤ 见下页注释②

山口县的山口高中和下关西高中，每年都有 40 名到 50 名学生考取东京大学。[①][②]

山口县也是日本的中国地方[③]里，少有的东京大学高录取率县。我想这也是因为那里的孩子，从小就被父辈教育："你要努力学习啊，就可以成为总理大臣那样了不起的人啊！"这样一辈辈的传承很有影响。

但是 1990 年，从同样来自山口县的日本总理

---

① 岸信介（1896 年 11 月 13 日至 1987 年 8 月 7 日），日本政治家。第 56 届、第 57 届内阁总理大臣。在太平洋战争开战时担任工商大臣，是战后远东国际军事法庭认定的二战甲级战犯嫌犯，但是未被起诉。1960 年岸信介参加自民党新任总裁池田勇人招待会，被右翼团体"大化会"成员荒牧退助刺伤，次日岸信介内阁总辞职。1968 年任皇学馆大学校长。1982 年 1 月任自民党最高顾问。1979 年 8 月获联合国和平奖。1980 年 3 月任日中研究会顾问。1987 年病逝，成为在战争期间与战后从未离开日本政治权力中枢的政坛人物。

② 佐藤荣作（1901 年 3 月 27 日至 1975 年 6 月 3 日），日本政治家，前日本内阁总理大臣，同时也是日本连续担任首相任期最久的一位，执政达 7 年 8 个月，其亲兄岸信介亦曾为首相。其父亲由于是入赘女婿所以改姓佐藤。而岸信介因为被收作其父本家的养子而改为岸姓。他也是现任日本首相安倍晋三的外叔公。此外也是迄今唯一连任 3 次的自民党总裁。佐藤荣作在 1974 年获得诺贝尔和平奖。

③ 中国地方：指日本本州岛西部的一个地区，其在日本的"平安时代"开始出现，大约包括现在的鸟取、岛根、冈山、广岛、山口五县。

大臣细川护熙①和羽田孜②开始，家族的背景，世袭的官爵对于政治的影响就越发严重了。之后的日本总理大臣，包括桥本龙太郎③、小渊惠三④、小泉纯一

① 细川护熙（1938 年 1 月 14 日至今），生于日本东京都，政治家、陶艺家，第 79 任内阁总理大臣，熊本县熊本市出身，是战国名将细川忠兴之后，前首相近卫文麿之外孙。熊本藩肥后细川家第 18 代当主。细川是日本 1955 年后第一位非自民党首相，与其外祖父、前首相近卫文麿完全不同，他上台后以毫不含糊的语言承认大日本帝国时期所犯战争罪行。

② 羽田孜（1935 年 8 月 24 日至今），出生于东京都，祖籍为长野县，日本政治家。1994 年短暂出任日本首相，仅出任 64 天，为平成时期后上任首相中任啊最短的一位。他认为自己是中国移民的后裔，乃从秦朝时代随着徐福渡船到日本寻找长生不死药的下属，而在日本落地居住。

③ 桥本龙太郎（1937 年 7 月 29 日—2006 年 7 月 1 日），日本前首相（1996 年 1 月至 11 月，第 2 次：1996 年 11 月至 1998 年 7 月）其座右铭是：以诚相待、初心不忘。桥本任首相任职期间曾于 1997 年参观中国沈阳的“九一八”纪念馆，并写下“以和为贵”，成为进入该馆的第一个在位日本首相。

④ 小渊惠三（1937 年 6 月 25 日至 2000 年 5 月 14 日），出生于日本群马县中条町，毕业于早稻田大学文学部，日本政治家，第 84 任日本内阁总理大臣，属自由民主党。小渊惠三是一位协调性政治家，凭借其良好的人缘，在日本政坛错综复杂的派阀斗争中脱颖而出，成为一个“凡人首相”。在政治、经济双重逆境中，他开展了颇具特色的“咨询会议”政治，重新组建多党联合政权，推进了活跃的大国外交，然而终究为转型期的“乱世”政局所困，于 2000 年病逝。

郎[1]、安倍晋三[2]、福田康夫[3]、麻生太郎[4]、鸠山由纪夫[5]等都是世袭的议员。而且近年来，父亲或者祖

---

① 小泉纯一郎（1942年1月8日至今），日本政治家，现代日本保守派代表人物，第87—89任日本内阁总理大臣，是日本自从第二次世界大战结束后，在位时间第三长的首相，仅次于佐藤荣作和吉田茂，家纹是“违鹰羽”。生于日本神奈川县横须贺市的一个政治世家，历任日本首相、日本自由民主党总裁，前任日本内阁总理大臣及历任日本众议院议员。小泉对中国和韩国的外交未取得重大成果，在参拜靖国神社、领土纠纷等问题上纠缠不清。2001年访问中国。2008年宣布退出政坛。

② 安倍晋三（1954年9月21日至今），日本政治家，现任自民党总裁（第21任、第25任），第90任日本内阁总理大臣（即日本首相）。就任一年内，内阁争议不断，2007年9月12日安倍晋三基于政治现实，政令无法顺利执行，而突然宣布辞去内阁总理大臣一职。2008年重返日本政坛。2012年再度参选自民党总裁并获胜，成为自民党成立以来首位回任的总裁。安倍晋三出生显赫，其外祖父岸信介、外叔公佐藤荣作都曾担任过日本首相。

③ 福田康夫（1936年7月16日至今），生于群马县高崎市。1959年从早稻田大学政治经学济科毕业后入石油会社。2007年当选为第91任首相，任期至2009年9月。福田康夫是日本前首相福田赳夫的长子，因此日本首次诞生了父子两代首相。2008年9月1日，福田康夫在东京举行的记者招待会上发表讲话，当晚宣布辞职。

④ 麻生太郎（1940年9月20日至今），日本政治家、实业家。第92任内阁总理大臣。第96任安倍内阁副总理兼财务大臣和金融担当大臣。

⑤ 鸠山由纪夫（1947年2月11日至今），日本政治家，东京都出身，东京大学工学部毕业，后到斯坦福大学攻读工业工程学，取得博士学位。8次当选众议院议员，前任日本民主党常任干事会代表（党首）、第93任内阁总理大臣。2010年在美军冲绳普天间基地迁移问题在争议声中定案后请辞。2013年鸠山以私人身份访问南京，他在参观侵华日军南京大屠杀遇难同胞纪念馆时，对日军当年的所作所为表示道歉：“我为当年日本兵犯下的罪行道歉，真心希望历史悲剧不再重演！”

父是总理大臣的二世议员、三世议员也越来越多了。

山口县同样也有很多的二世议员、三世议员，而该县每年东京大学录取合格的考生人数却的逐年下降。现在每年从山口县考取东京大学的人数不过十几人。

同样的，群马县[①]也是在第二次世界大战后总理大臣辈出的名县。福田纠夫和中曾根康弘[②]都是东京帝国大学（现在的东京大学）出身的，他们历经日本政府机关的大藏省（原财务省）、内务省（目前已废除的中央政府部门，职掌地方行政、警察、土木工程、卫生等国内行政）等职务成了国会议员，最终成

---

① 群马县：群马县是位于关东中部的一个内陆县。人口超过 200 万。群马县的行政中心是前桥市。境内的高崎市是上越新干线、长野新干线、高崎线、信越本线、八高线、两毛线的交汇点，地理位置相当重要。群马县也是近代出日本首相比较多的一个县。福田赳夫、福田康夫父子，以及中曾根康弘、小渊惠三都是群马县出身。

② 中曾根康弘（1918 年 5 月 27 日至今），日本政治家。生于群马县高崎市，1941 年毕业于东京帝国大学法学院，政治科学系。第 71—73 任日本内阁总理大臣。第二次世界大战中他作为军官在日本海军服役，曾驻防于中国台湾的高雄左营。1946 年中曾根康弘作为众议院议员进入日本国会，1952 年他指责昭和天皇应为日本战败负责导致了一场轰动。中曾根康弘在日本自由民主党中逐步上升，领导党内一个中等派系——中曾根派。中曾根康弘为日本自 1972 年迄今第二个担任 3 次首相的人（另一人是小泉纯一郎）。

了日本的总理大臣。他们都是通过自身的努力，刻苦求学，而最终登上了总理大臣的座位。之前提到的小渊总理和福田康夫总理也是群马县出身。但是现在群马县出身的国会议员，大多是从私立大学毕业的世袭议员。

群马县有两所名门高中，分别是前桥高中和高崎高中，以前这两所学校每年东京大学录取合格的考生能达到40 多人。但是现在，群马县却是关西地区中东京大学合格考生最少的县，仅为茨城县东大合格考生数量的一半左右。群马县的孩子们不再憧憬着能通过自己的刻苦学习而考取东京大学，最终成为总理大臣这条人生轨迹，而来自群马县的议员也大多是世袭的。

其实无论是山口县还是群马县，那里的人们可能觉得生活并没什么不同。真正改变的是人们的思维方式，那里的人们不再认为“一个人只要通过自身努力学习，就能出人头地了”。那里的老人们也不再对子孙教育这样的道理“孩子啊，只要你好好学习，总有一天可以平步青云。”因为这个地方再也没有出现通过自身努力，勤勉学习而最终当选总理的人，也没有通过真正的平等选举而当选国会议员的人了。即使有老人想这样劝勉子孙，恐怕也没有说服力了。实际上，当孩子看到自己的父母亲支持那些世袭议员的时候，他们也会不自觉的认为，既然自己的家庭没有背景，那么无论我如何努力也赢不过那些世袭议员。

所以我建议家长，无论现在有多么多的世袭议员，家长都要教育自己的孩子：“只要你通过自己的努力学习，也有可能成为伟人”。因此，家长也不妨在孩子面前高度评价那些通过自身努力而成功的优秀政治家。这样才更有说服力，孩子也会真正相信自己有可能成功，才更有动力。

在学校不想被排挤的话，可以凭学习好取胜

我小的时候因为父亲工作的关系常常需要搬家。时而搬到东京，时而搬到大阪，所以我也经常转校，每在一所学校短暂停留后，又要搬到另一个城市，转到另一所学校。我总要面对新的同学，也总会被欺负冷落。

我从大阪转到东京的学校时，还带着浓重的大阪

口音，常常被同学们取笑是乡下来的孩子。我的妈妈就告诉我：“谁说大阪口音是乡下口音的？他们东京人才是乡下人呢，你不理他们就好了！”虽然妈妈这样说，可我还是在同学们的取笑声中感到很自卑，怕遭人取笑而不敢开口说话。

没过多久，父亲的工作单位又有调动回大阪了，我也只好又转校到大阪学习。没想到一上学，同学们又开始取笑我了“你看看他！他可是从东京回来的大人物哟！还说什么东京腔呢！”我回了大阪却忘了大阪方言该怎么说了，又被同学排挤，十分的沮丧。

我到现在都很佩服我的母亲，因为她总有自己独特的逻辑。当我妈妈知道我在学校被同学排挤时，她告诉我：“你要是在学校被同学排挤的话，到社会工作时也会被同事排挤的。所以啊，你要坚强，就算被同学排挤、被别人讨厌，也要努力坚持下去！”她鼓励我说：“无论是医生也好，律师也好！你都要争取，考一个出来！”

可能其他的妈妈在听到自己的孩子在学校被同学排挤的话，可能会想办法教孩子该怎样做才会不受欺负，她们可能告诉孩子“可不能在学校变得不合群，被人欺负啊！”但是我的母亲没有那么做，她告诉我的是“想要不被欺负，想要站直了别趴下，那你就去变得更强就好了！”

我小时候也很认同母亲，我想：“对啊！管他们排挤我还是欺负我，只要我自己努力，等我当上医生那一天，你们就该佩服我了！”

正因为母亲的鼓励和支持，我在那时候就坚定了要当医生的梦想。我的弟弟也和我一样，从小立志，努力通过了司法考试，现在成为一名检察官。

对于我来说，对付同学排挤和欺负的唯一方法就是——学习！我认为通过学习，提高自身的能力，获得成功，才是对于当初那些欺负我的同学最好的回应。我现在回过头想一想，会觉得当初受同学排挤，反而成为我成功路上的一件幸事呢。

第四章

为了培育“喜欢学习的孩子”，妈妈应该怎么做

让孩子有“我懂”“我行”“我很棒”的体验

妈妈要想让孩子喜欢学习，首先要让孩子有三种体验：

1. 我懂
2. 我行
3. 我很棒

只有在这三种体验不断累积之后，孩子才会喜欢上学习。

首先就是“我懂”的体验。

孩子在学习上摔跟头，往往是由于没有理解课堂内容造成的。如果孩子在课堂上听不懂老师讲什么，就会觉得学习没有意思，于是就不愿意学习了。就算妈妈每天都看着孩子学习，可能也不容易察觉这些细微的变化，也不了解孩子到底对于书本中的知识掌握了多少。我建议，妈妈不妨多和孩子交流，每天问一问“今天上课讲什么啦？都听懂了么？”来确认孩子的学习进度。妈妈还可以告诉孩子：“你要是有什么不明白的地方，就问妈妈吧，我会帮助你的。”

如果妈妈在观察孩子写作业时发现“孩子可能这个知识点不太明白”，就请及时和孩子说“能不能跟妈妈讲一讲你现在学的是什么啊，也来教教妈妈吧！”如果孩子能够准确清楚地讲述学习的内容，妈妈就可以判断他这个知识已经明白了。

如果孩子对于学的内容讲不清楚，支支吾吾的，妈妈就要问孩子“哪里不明白啊？”及时帮助孩子把这块知识弄明白。妈妈一般对于小学的知识比较了解，即使有稍难的部分，也可以参照教科书和参考书而理解。

如果孩子通过妈妈的讲解，弄明白了这个知识点，妈妈也要及时称赞他“这下你就明白了吧，看来是之前我讲解的不够清楚。”这样说的话，孩子就不会觉得“我这点知识不明白，是因为我笨啊！”妈妈要让孩子觉得“妈妈稍微点拨一下，我就明白了，看来我很聪明啊！”“之前我没有弄懂，是因为别人没讲明白。”

其次就是“我行”的体验。

有时候，即使孩子理解了问题，但解题还是有困难。

当孩子上幼儿园、托儿所时，很少可以有和其他孩子一比高下的地方，而一旦升入小学，就很容易和小朋友们互相比较考试成绩。如果朋友考试拿了100分，而自己只得了35分，孩子就很容易想“看来我不行啊！”

这个时候，妈妈就要努力帮助孩子解决问题，不让孩子产生挫败感。如果孩子不会写汉字，妈妈不妨帮助孩子进行写字的练习。妈妈要帮孩子找出经常出错的地方，分析原因，再针对容易出错的地方进行反复练习。如果通过练习，成绩提高到45分，妈妈也要及时表扬孩子：“你的成绩比以前强多了！看来你只要通过练习，就能取得好成绩啊！”

即使孩子没有考100分，妈妈也要给予正面的鼓励，表扬孩子“你看，你又进步了！”“你跟一个月前比可强了不少呢！”而孩子听到妈妈的鼓励，也会重树信心，产生“我行”的感觉。

另外，妈妈有时要对孩子小的成功大加赞赏。如果孩子在简单的小测验上取得了好成绩，妈妈要及时说“太棒了！你得了95分！”孩子在妈妈不断的鼓励声中，能够树立信心，觉得“看来我能行”，而当孩子对自己的学习产生信心时，就不会有厌学的想法了。

当孩子不断累积“我懂”“我行”的体验时，就会逐渐产生“我很聪明啊”的自信心。所以妈妈要反复不断的鼓励孩子：“你太棒了！你真聪明啊！”“这么难的题目你都会做啊！你真了不起啊！”

适当运用赌博的游戏，让孩子喜欢上学习

我作为精神科的医生，常常能遇到有嗜赌成性的患者。那么到底赌博有怎样的魔力，总让人欲罢不能呢？

我并不了解现在赌场的制度，但是在以前，各个赌场有一个不成文的规则，就是有意识地让刚刚进入

赌场的新手赢钱。比如说弹子球店①老板，就会故意让刚刚进场的新手尝一尝弹子球哗哗落满地的感受。当新手看到自己赢了钱，就会产生一种“看来我打弹子球还挺在行啊”的感受，高兴得忍不住会再玩一把。当第二次、第三次又赢了钱，这个新手抱着沉甸甸的弹子球盒子会不由得飘飘然，“看来我是个天生打弹子球的高手啊！”不由自主地就喜欢上了打弹子球。

如果一个新手怎么玩都赢不了，那么他会产生什么感觉？玩一回、玩两回却一个弹子也不落下来，恐怕他就会觉得“弹子球真没意思啊！”就再也不会踏入弹子房第二次了。顾客都不来玩的话，老板也就没钱赚了。所以让新手先赢几盘，尝尝弹子球噼里啪啦落下来的兴奋感，才能常常来玩，成为回头客。

---

① 弹子房（Pachinko，音“扒金高”）是一种用作游戏的机器，在一个立式的带有许多小孔的盒子里，游戏者拨动扳手，弹击小铁球，如果铁球顺利进入某一个孔洞，便会滚出十几个小球，小球多到一定数量便可换取金钱。目前，日本热衷于打弹子球的人很多。在日本各地，分布着成千上万的弹子房，尤其是在车站和繁华街区附近。打弹子是一种带有赌博性质的游戏。

如果一个新手初入弹子房就赢了几次，抱着沉甸甸的弹子球去换了钱，他就会想“弹子球太好玩了!”“还想再玩啊!”他就很容易再度踏入弹子房，想再感受赢钱的兴奋。如果第二次去没有弹子球掉下来，恐怕他会有点遗憾，不过会安慰自己“看来我今天运气不好，那明天再来试试吧!”第三次去又赢了，弹子球噼里啪啦掉下来，他就会又充满自信，觉得“我果然还是弹子球高手啊!”然后就会一而再，再而三的去弹子房，即使后来输得多赢得少，他也会一直相信“我就是今天运气不好，其实我打弹子球还是很在行的!”他慢慢变得不在意输赢，逐渐就变成了弹子房的常客。

去弹子房玩的人大多输得比较多，但是偶尔能赢回一盘。当他看着弹子球噼里啪啦掉满盆，于是就会乐滋滋的接着玩。一个人玩着玩着就上了瘾，新手就变成常客。

那么为什么一个人能嗜赌成性呢?就如大家所见的，最重要的是在一开始的时候让他小赢几把，尝到点甜头，这样就会让人产生“我还挺行的!”这样的想法。

就这样，在一点一点的小胜利、小甜头的诱惑下，人就逐渐上瘾，就会迷上赌博。虽然染上赌瘾不是件好事，但是各位妈妈也可以利用这种方式，让孩子养成学习的好习惯。

妈妈可以在一开始的时候，让孩子认为自己“我学习很好！”“我很聪明！”这样慢慢地，学习就变成了乐趣，不用家长督促也可以自己学习了。

如果家长在孩子上小学前，就稍微教给他们一些平假名的写法、汉字的读音和简单的加减法，那么孩子在小学一年级的时候，就会觉得课程非常简单。孩子就容易产生一种“我学习很好啊！”“我很聪明啊！”的想法。这样的孩子作业都能轻松完成，学习也成了一种乐趣，而不是一个负担。

对于中学生也可以使用同样的方式。英语可能算是中学学习的一个拦路虎，能一下把学生分为两档。家长不妨利用中学入学前的假期，让孩子学习一些英语和数学的知识，相当于对中学的课程进行一个预习。这样的话，孩子中学入学之后的学习就会轻松许多，也会更有自信。再以后，随着孩子良好习惯的养成，学习能力和学习成绩也会顺理成章的提高，孩子可以少吃不少苦头。

可以让孩子骄傲的认为“我是个天才”

有些妈妈可能会担心，如果让孩子有“我能行”的体验，会不会孩子就会骄傲自满了。但是我认为，在小学阶段，家长不妨让孩子骄傲一点，不妨让孩子觉得自己“我就是高才生！”“我是个天才！”

要知道即使一个孩子在童年时期很骄傲，等他长大成人到了社会上工作时，并不会变得自大。如果他考入东京大学，就会发现“原来还有那么多有才华的人啊！”在进入社会工作时，也会认识到“我还有很多地方需要提高啊！”而对现实重新认识。

对于孩子的教育来说，最重点的是顺序问题。首先要让孩子充满自信，让他认为自己是有能力的，那么他就愿意全力以赴。如果首先就让孩子尝到失败的痛苦，产生“我什么都不会”的念头，那么以后家长再怎么鼓励也很难起到作用了。

顺带说一句，一些非常难进的私立重点高中，比如开成中学①和滩中学校，他们的一年级入学考试是极其难的。学校出这么刁钻的试卷，就是为了让那些千辛万苦才考进重点高中的孩子吃点苦头。给那些从小骄傲的优等生们敲敲警钟，告诉他们“这个世界上可不是那么容易就能成功的哟！可能你们都自以为头脑聪明，但你们要知道，要是不刻苦学习，就别想考上东京大学哟！”当然，也有些孩子不能领会校方的用心良苦，遇到点挫折就垂头丧气，这一点也需要家长密切关注。如果二流三流中学的考试太难，相当于上来就给孩子当头一棒，有可能让孩子们对中学的学习抱有恐惧感。

家长要认识到，即使孩子有一点骄傲自满，以后总有机会让他受到点小挫折，重新认识自己的。所以不妨就让孩子先骄傲一点吧。

---

① 开成中学：有报道称在日本，开成中学（1871 年）、麻布中学（1895 年）和武藏中学（1922 年）被誉为是男校里面的“御三家”，只要考上其中任何一家未来就有了保障。开成中学是初中、高中一贯制私立男子中学，明治时期以来校训一直是“自由精神”“质实刚健”。开成中学以其极高的大学录取率著称。据往届校友介绍，学校云集了从各地小学考进来的“神童”；高三 400 余名学生中能考上东京大学的多达 180 名，几乎占了一半。

将学习养成习惯，可以减轻求学中的辛苦

强制孩子去学习，是不会让他们喜欢上学习的。只有当孩子反复体会到“我懂”“我行”“我很聪明”的体验，学习才有可能成为一种乐趣，孩子也才会顺理成章的开始享受学习。

但是，要想真正让学习成为一种习惯，还是需要一定的强制力来约束。家长每天要让孩子们在书桌前学习，而且至少要坐满一个小时或者两个小时。这种程度的强制力是有必要的。如果连这点都做不到，那么学习也很难成为一种习惯。一个学生正常的学习时间差不多 = 年级 ×30 分钟。比如小学一年级就是三十分钟，二年级就是一个小时。

可能孩子刚开始坐在书桌前的时候是很不愿意的。这 30 分钟对于孩子来说太煎熬了。但是尽管如此，家长还是要坚持让孩子在书桌前，按规定的时间坚持学习下去。

其实一个人无论做什么事都是这个道理。刚刚开始的时候很痛苦，然后逐渐就习惯了，痛苦的程度就

能减轻，再到后来就觉得“做起来已经习以为常”了。这就是所谓习惯的养成模式。当一个人把一件事养成了习惯，那么做事的痛苦就会逐渐减轻。到后来就能变成一种习以为常的事来做了。

比如说刷牙这件事，大家都知道刷牙对健康有好处，但孩子们一开始都对刷牙很反感。如果家长不强制要求孩子一定要刷牙的话，很多孩子就能逃则逃，能躲则躲了。

但是，当刷牙成了一种习惯，孩子就能自觉自愿的到时间就自己去刷牙。而且一旦不刷牙，孩子就觉得嘴里不舒服，就会立刻去刷牙。习惯是什么？习惯就是一旦不做就不舒服，就浑身不自在。

以前从小学一年级开始，学校每天都会留课后作业。孩子们拿到课后作业，回家之后就必须进行复习，才能完成作业。但是最近有些学校低年级都不留课后作业了，还美其名曰是给孩子减负。

但是没有作业的话，孩子就会感觉“学习是在学校做的事”，而不能养成在家里学习的习惯了。当孩子一旦形成了“学习是在学校做的事”的观念之后，到三年级的时候，忽然学校开始留课后作业了，孩子们就会觉得在家学习非常难。因此我认为，一定要让学校从小学一年级就留适当的课后作业，这样孩子才会产生“在家要学习”的观念。

有一些孩子为了参加中考而上补习班。他们在补习班里学习、做作业，一回家就把书包扔到一边。要知道只在补习班学习也是远远不够的，一个学生如果在家都不学习，根本不可能考入好中学。因此家长一定要认识到，孩子一定要养成在家学习的习惯。

请各位家长一定要趁孩子还在小学低年级的时候，就帮助孩子养成“在家里要学习”的习惯。

有多动症倾向的孩子也可以通过培养习惯进行修正

家长要培养孩子每天都在书桌前坐下学习的习惯。可能对于小学一年级的学生来说，在书桌前坐半个小时很困难，但是只要坚持并养成了习惯，孩子就不会觉得长时间坐着不舒服了。

对于有多动症倾向的孩子，可能最初只能坐三分钟，然后就要靠家长的努力和自己的坚持了。孩子可以一点点的从坐四分钟、五分钟开始做起，慢慢延长能安心坐下的时间。我相信最终能够达到一个相当长的安坐时间。如果有多动症倾向的孩子能够坚持逐渐延长坐下的时间，家长也就不用担心了。因为学校不可能有这样的练习，所以家长一定要坚持在家进行安坐的练习，这样孩子就能慢慢地养成习惯，能够安心在书桌前坐下学习了。

当孩子把学习养成了习惯，如果哪天在家里没有学习，反而会产生一种好像什么事情没做完的感觉。到了这个程度，即使家长不去督促“快去学习吧!”孩子仍可以每天坐在书桌前，学习一段时间。

要想将学习养成一种习惯，就需要家长给孩子一定的强制力。一旦养成了学习的习惯，就能减轻孩子的痛苦。

睡前背诵，早起思考

在大脑科学的研究过程中，人们发现，如果学习的过程充满乐趣，那么记忆力也会随之提高。

脑科学家池谷裕二[①]教授的研究表明，当人感到愉悦的时候，大脑神经细胞就能持续提高工作效率，学习和记忆能力就能得到提高。因此如果想提高孩子的学习效果，家长就要增加孩子学习时的乐趣。

池谷教授认为，人一边走路一边学习的效果最好。因为通过步行，可以增强大脑的活力，从而提高记忆力水平。

所以如果孩子不能长时间在书桌前坐下写笔记，家长也可以让他换个姿势。孩子不一定要端坐在书桌前才能背诵课文或者读书。如果让孩子一边走路一边背书的话，背诵的效果会更好的。尤其在背诵历史和地理这些科目时，家长可以告诉孩子，你可以“拿着参考书，在房间里边溜达边背诵。”

对于中学生来讲，经常需要背诵英语单词，这个

---

① 池谷裕二，著名脑科学家。1989 年以第一名的优异成绩考入日本东京大学药学系，之后又以第一名的成绩进入东京大学药学系研究生院，开始了对脑的研究。1995 年被录用为日本学术振兴会特别研究员。1998 年通过对海马的研究，获得了药学博士学位，之后任教于东京大学药学系。他的脑科学研究表明，人是通过海马体来记忆的，通过针对性的锻炼，能促进海马体的活性，就可以从根本上提高记忆力，著有《海马记忆法》。

时候不妨让孩子趁上下学途中，拿着单词书边走路边背诵，效果会更好。我到现在仍然习惯在上下班时，边走路边背诵英语单词。

脑科学的研究成果表明，人在睡觉前的记忆能力最好，而逻辑思维能力在晨起之后最佳。

人的大脑在睡眠时对于记忆进行整合储存，相当于是一个录入的过程。因此在晚上临睡前进行背诵的话，效果会很好，背诵的内容经过睡眠期间的整合录入，能够牢牢记住。在人早上起床时，眼睛和耳朵都开始接收信息。通过视觉和听觉收集的信息很纷杂，对于记忆力干扰很大，因此早上起来背诵的效果往往不好，而临睡前则是最佳的背诵时间。

但是，如果我们晚上进行了背诵，却没有马上睡觉，对背诵的效果也有影响。比如刚刚背诵了一段课文，然后又看了一会电视才睡觉，那么电视里生动的画面和声效也会对记忆力造成很大干扰，背诵的内容往往就记得不牢靠。研究表明，如果当人在晚上进行了课文或者英语单词的背诵后立刻睡觉，他没有收到其他读书或者电视的干扰，往往背诵的效果较好。

记忆力的提高也随着反复的背诵、反复的回忆而提高。如果临睡前背诵的内容在早上起床之后得到复习，那么这个内容更会被牢牢地记住，不容易忘记。

一个人在清晨起床后，通过一夜的睡眠，大脑得到了充分的休息，早上正处于大脑活跃的时间段。数学和语文等科目，正需要集中的思考力去解题，那么早上学习这些科目效果会非常好。如果学生早上起床，吃了早饭就立刻开始学习，那么他的解题速度和思考力水平正处于高峰，学习效率就会很高。

善于运用“奖励”的技巧

有人说“要让孩子自发去做事”，这话说得倒是漂亮，可实际上孩子们是不会主动去学习的。可能有个别孩子好奇心旺盛，喜欢学习，能够自觉自发地去学习，但是绝大多数的孩子都不是这样的。

对于自觉性差的孩子，就要想办法让他变得“主动愿意学习”，这时候家长可以运用奖励机制。

在成人的世界，大家工作是为了赚钱。如果有人说“不给你钱，白给我干活吧！”我想恐怕没有几个人会做这样的工作的。

虽然工作和学习并不一样，但是既然在成人的世界里，都是约定俗成的通过劳动来换取报酬，那么，如果把孩子的学习也对应上一定的价值，我认为这也算是教导孩子认识社会的一种方式。

反过来说，在成人的世界里，不通过劳动就不能赚钱。那家长有必要让孩子了解到，这个世界上没有免费的午餐，无条件的奖励是没有的。当孩子认识到这一点后，家长再在孩子学习时给予奖励，也可以让孩子了解这个社会的法则。

从小的进步给予奖励

家长可以用适当的奖励，给孩子鼓劲加油，效果显著。

要知道，如果给一个人设立的目标是遥不可及的话，那么无论怎么表扬他，他都不会有干劲的。比方说如果孩子考试只考了 60 分，而家长为了给他鼓劲，就承诺：“你要是考了 100 分，我们就带你去美国夏威夷玩！”可孩子自知难考到 100 分，听了家长的鼓励，可能反而会垂头丧气，失去干劲。

如果家长说："你这次考了60分，那要是下次能考65分，妈妈就给你买漫画书！"孩子听了这样的话，觉得自己能做到，就会为考取65分而努力学习。

与其给孩子设立一个（孩子认为的）遥不可及的目标，然后家长承诺给一个大的奖励，倒不如定一个孩子可以达到的目标，承诺给孩子一个小奖励。这样孩子会更有干劲，效果更好。家长给孩子奖励的原则是：逐步设立更高的目标，让孩子随之进步。这就是所谓Small Step的方法。

如果之前孩子考了60分而下次考了65分，家长不妨给孩子买个稍微贵一点的冰淇淋。如果孩子又进步考了70分，家长可以给孩子买本想看的漫画书。这样家长以小恩小惠的方法，能促使孩子学习更有动力。而奖励本身倒不用是多贵的东西。

和男孩子相比，女孩子们可能更喜欢各种各样的小奖品。家长可以给孩子买些点心、文具用品或者其他小玩意，就这样一点一点激发孩子的学习动力，让孩子在不知不觉之间就主动去学习了。

但是，现在的孩子成长环境都很富足，也有可能孩子没什么东西是特别想要的。如果家长说："你要是考了好成绩，我就给你买件新衣服吧。”孩子可能会想：“我有好多衣服了，不需要买新的了。”如果家长说：“你要是学习进步了，我就带你去国外玩。”孩子也可能说：“出国没什么意思，不太想去。”

所以家长要用心观察孩子的兴趣点到底是什么，否则即使家长觉得给了孩子奖品了，孩子也有可能不领情。

其实对于孩子来说，最好的奖励是家长欣慰的笑容。如果孩子考了好成绩，即使没有任何奖品，但是妈妈看到分数时欣喜的样子，也是对孩子莫大的奖励。所以各位妈妈们一定要细心观察，才能知道孩子喜欢收到什么奖品。

看漫画的孩子也可以成为聪明的孩子

以前有一个说法“看漫画的孩子会变傻”，我想这话的意思是想让孩子多读正经书，不要总读漫画。

可是现在的情况是，有很多孩子只愿意看漫画书。《周刊少年跳跃》[1] 是平均销量高达650万册的漫画周刊，其读者群本来都是小学6年级的学生，但是现在它的读者平均年龄已经接近20岁。也就是说曾经读着《周刊少年跳跃》的小学生们，已经长大成为青年知识分子了。

实际上，一般漫画的故事构架、情节发展都非常出色。当孩子在读漫画的时候，其实也同时锻炼了他们对于故事情节发展的理解能力。尤其是搞笑漫画，其情节的设置往往非常精妙，才能引人发笑。如果故事没有铺垫好，读者是不会笑出来的。电视上的笑话与之相比，与其靠情节的发展抖包袱，电视主要还是靠一时爆发的笑料。如果把电视上的笑话写成文字，没有流畅的情节，恐怕就没那么好笑了。如果从故事

---

① 周刊《少年跳跃》由日本集英社发行，目前为日本发行量最高的连载漫画杂志，位列日本三大周刊少年漫画杂志（《周刊少年跳跃》《周刊少年 Magazine》和《周刊少年 Sunday》）之首）。该漫画杂志于1968年7月创刊，刚开始时为双周刊，1969年则转为周刊，实行每周一发售。1993年每期销量突破600万册。刊载作品以动作冒险类为主，多带有幻想味道，并刻意张扬个性，追求情节的峰回路转。间或也有部分恋爱、运动及历史题材的作品。多数作品人物造型唯美，因此也拥有大量少女读者。我国台湾的《宝岛少年》（东立出版）和香港的《EX - am 周刊》（文化传信出版）是该杂志漫画连载的中文版。中国内地的《漫画行》杂志为其中文版。

架构这方面来说的话，漫画的笑料比电视小品的笑料更有学习价值。

我在滩中上学的时候就发现，喜欢读少女系漫画的同班同学往往语文成绩都非常好。我想这可能是由于他们在读漫画时，也锻炼了领会故事情节，了解人物心理的能力。

漫画本身是什么问题也没有的。如果一个人过度依赖漫画书中的图形信息，而造成不能阅读报纸和熟记的文字信息，才会造成问题。家长可以和孩子都认识到，读漫画这件事情本身不是件坏事。

让孩子觉得学习是有趣的事情，

他们自然就会爱上学习。

去寻找课堂气氛好的补习班

如果课堂学习充满乐趣，孩子就会对学习产生兴趣，从而喜欢上学习。比如，如果课堂上的老师都像电视娱乐节目里的米村老师①那样，能把枯燥的理科实验以生动的方式展示出来，课堂的教学趣味横生，我想就会有更多的孩子喜欢上理科的学习。向孩子展示理科实验的教室也会越来越多的。

现在小学老师在课堂上进行的实验，基本都是选成功率高的实验来做。老师指挥着学生们操作：“现在大家把这个注入滴管 3 毫升啊！”然后学生照样操作了，老师就会说：“你看，试管里颜色变了对吧。”这么枯燥，学生们怎么会觉得有趣？

我认为，小学的理科实验好像“料理课”一样，

① 米村传治郎，1955 年生于千叶县。东京学艺大学研究生院理科教育专业毕业，自由学园讲师，都立大学教师，梦想能够从事传播科学乐趣的工作。米村老师是日本电视界的教育专家，他曾受邀于日本 NHK 电视台的《我是伽利略!?》和日本电视台《探索近畿大放送》节目，寓教于乐，广受欢迎。1998 年成立米村传治郎趣味科学馆。著有《趣味科学馆》等书，已由科学出版社引进出版。

学生们像拿菜谱做饭一样照猫画虎的来做实验。这样简单的重复，枯燥的课堂，怎么能让孩子们体会到理科的乐趣所在?

实验的目的其实是让孩子们了解到，什么样的液体和什么样的固体，以多少的量进行混合，能变化出什么样的颜色出来。让孩子亲眼观察到“你看，如果把这种液体注入滴管，颜色就会变红啊。”然后孩子就来思索“那么这种液体到底是什么呢?”这样的思考过程才是理科的学习要领。如果老师只是简单的照着菜谱念“这个注入 3 毫升!”孩子们也是照葫芦画瓢一般的操作，那么孩子们的求知欲又怎能被激发出来呢?

我曾有机会去芬兰的教育机构进行考察参观。我看到芬兰的小学理科实验室非常先进，各种操作仪器设备应有尽有。一个小学实验室简直如同日本大学实验室一样的先进。芬兰的教育方法也很有借鉴价值，老师不仅在黑板上写板书，而且他们还用样本、图片等各种方法，将实验生动地展示给孩子。以这样的方法，就能诱导孩子们思考“如果这么操作的话，就会出现什么样的结果呢?”芬兰这样的教学方法能让学生们对课程充满兴趣。

我所上的滩中里，有一位全国知名的桥本武老师。他是位国语老师，但是从来不用教科书，而是用知名作家中勘助①的《银茶匙》为教材，教授所有课程。

我虽然当时不太了解桥本老师的做法，但是桥本老师为了让学生们理解《银茶匙》的内容，常常把学生们带到课堂外去实地学习，充分引起学生的兴趣。有时候他还会把学生们带到校外，去参观文中所描写的景物。有很多学生因为上了桥本老师的课，“本来不擅长的国语课，变得越来越喜欢了。”

如果孩子觉得学习是有趣的事，就会喜欢学习的。当老师的授课有趣了，孩子们对学习感兴趣了，那么学习起来就变得容易了。所以家长最好选择授课生动的补习班，让孩子更容易接受学习。孩子能够亲身体验有趣的科学实验，该多好啊！

---

① 中勘助（1885 年至 1965 年），小说家，诗人。日本近代文豪夏目漱石的弟子。以小说《银茶匙》名震天下。书中将日本制式教育的种种不合理之处批判得淋漓尽致。作者认为：“如果不取消制式教育，日本永远无法诞生真正的独立思考者。”诗集以俳句和短歌为主，遣词造句文雅至极，被日本著名诗人谷川俊太郎称为“安静时代中的孤高诗人”。

就算妈妈不喜欢学习，孩子也可以喜欢学习

如果让我说说自家的情况，我可以说我的母亲实在是个不喜欢学习的人啊！即使如此，我和我的弟弟都很喜欢学习。

有时候我听妈妈说，她就是因为讨厌学习，不想再上学了所以才去找的工作，很早就进入社会了。妈妈小时候因为讨厌写作业，就把作业全部推给她哥哥替她做，结果她哥哥学习特别好。但是我妈妈却常常用自己的例子激励我们好好学习。

“我那个时候啊，因为是女孩子所以还好，要是男孩子的话就惨喽！连工作都不好找。要不好好学习的话，只能靠卖力气赚辛苦钱。”妈妈反复给我们讲她这段经历。而且她的哥哥虽然也讨厌学习，但是学习成绩很好。他们俩的学习成绩差异很大，并不是因为两个人的聪明程度不同，哥哥学习好是因为哥哥更用功。虽然我们兄弟可能是被妈妈的话欺骗了，但是我认为，家长的说话方式是可以引导孩子变得更努力学习的。即使妈妈不喜欢学习，也没有关系。孩子是

独立的个体，如果家长善于指导，孩子会变得喜欢学习的。

有一点要特别注意，对于本身不喜欢学习的家长来说，有些人可能会认为“要是强迫孩子学习的话，那孩子未免太可怜了!”这么说的人实在是太自以为是了。

要知道，孩子都希望成为聪明人。没有一个孩子会希望自己是个大笨蛋。如果孩子发现自己和昨天相比算数更快了，会写的汉字更多了，能记住的植物名称也比朋友更多了，孩子该有多么高兴！请家长一定要让孩子体会到这种喜悦。

有些妈妈，自己小时候不喜欢学习，就觉得让孩子在书桌前坐 3 个小时太可怜了。

有多动症倾向的孩子是个例外，除此以外，任何一个普通孩子在书桌前坐 3 个小时都是没问题的。作为成年人如果进入企业工作，一个职员常常要在办公桌前一坐就是 8 个小时，否则就拿不到工资了。家长不妨把这当作是孩子在成人之前的练习，让孩子练习坐 3 个小时的能力。

妈妈往往在孩子身上倾注所有的感情，有时难免保护过度，不舍得给孩子一点点压力。而这其实就是在溺爱孩子。得到太多溺爱的孩子往往在走上社会后会感到不适应，觉得社会规则过于严酷。所以我建议家长为了孩子的将来着想，可以适当地给孩子一些压力，来锻炼孩子的承受能力。这其实也是对孩子的一种保护。

第五章

为了培养“注意力集中的孩子”，妈妈应该怎么做

不要期待孩子能一直保持全神贯注

“集中力”在学习的时候是非常重要的，但是孩子很难长时间保持注意力集中。其实用一些简单的方法可以提高孩子的集中注意力，但我也想请各位家长，还是不要对孩子的注意力水平期待过高。

我认为，如果我们能够让孩子在即使没有很高集中力时仍然可以学习，这是更现实的做法。

以前文介绍的爱迪生为例，爱迪生是有多动症倾向的，他的集中力可以说是很差的。但是爱迪生的母亲并没有在意他的问题，而是帮助少年爱迪生用适合他的方法来学习，以应对他注意力不集中的问题。

少年爱迪生做事时往往只有两三分钟的集中力，之后就会转移去做别的事情了。可能他读书几分钟后就会立刻会失去兴趣，放下书干别的。而爱迪生的母亲却没有教训他：“你赶紧给我读书去！”而是让他换个科目学习，去练习算数。当爱迪生学了几分钟数学后又走神了，他的母亲就让他再去换别的科目。

这是个多么好的方法啊！如果孩子已经读书读厌倦了，而妈妈却只知道对着孩子嚷嚷：“你怎么不好好把书读完!”那么孩子该不读书还是不会读书的。与其浪费五分钟、十分钟对孩子发脾气，聪明的妈妈就会给孩子换换脑筋，让孩子去练一两道算数题。

爱迪生往往每学习一个科目差不多两三分钟就厌倦了，但是当他不停地轮换学习科目时，即使每次只学习三分钟，如果轮换十几次，总体的学习时间也是很长的。通过轮换科目，也可以让注意力不集中的孩子学习很长的时间。

有三分钟集中力也好，分十次进行就可以了

如果孩子已经学累了，而妈妈还是强迫他学习的话，会令孩子逐渐厌恶学习的。所以聪明的妈妈要思考的是，怎么才能让已经学够了的孩子继续学习下去。

爱迪生妈妈的方法不错，她让孩子轮换学习的科目。孩子的学习量要由总体的学习时间来决定。即使

孩子每次的学习时间很短，但只要重复数次，仍然可以达到一定的学习量。

所以我们可以想一想，三分钟可以学点什么？虽然看起来时间很短，但其实三分钟已经足够长啦。

我曾经受邀广播电台担任节目的评论者。如果有三分钟的时间，我就必须要说好多话了。有时候我自己的评论说了半天，可三分钟还没到。而在电视台就更严格了，想让导演给我一分钟的时间来点评都不可能，一般导演只给我 10 秒或者 15 秒的时间。虽然说 10 秒、15 秒的时间让我总觉得意犹未尽，但是如果导演真给我 3 分钟，我还真觉得这时间太长了点。

各位不妨自己试一下，用秒表计量着读三分钟的书，看看你对时长能否有准确的了解。

你在三分钟内能读几页书呢？读书快的人可能轻松读上 5 页到 6 页，而习惯精读的人可能一页还没看完呢。孩子也是一样的，一般三分钟内可以读一页教科书或者参考书。虽然仅仅是一页书，看起来没什么了不起的。但是就凭多读这一页书，孩子就能学到新知识，变得更聪明。如果能有效地利用这三五分钟的零碎时间，孩子就能学到不少知识呢。

如果用三分钟的时间来进行百格计算[①]练习的话，能够做两三道题。虽然不同的孩子水平不同，但经常做练习的话，解题的速度会越来越快的。如果一个孩子不利用每一个三分钟的时间进行练习，自然比不过练习多的孩子。

如果一个孩子的速算速度慢，三分钟只能解一道题也没有问题。累积下来，他总比一道题也不练习的孩子要强。

如何利用时间，这也是影响考试成绩的至关重要的因素。如果妈妈只会无谓的发牢骚：“我们家孩子就是没有集中力啊!”而让这三分钟的时间白白浪费掉了，就相当于在说：“孩子没有集中力也无所谓。”

---

① 原文中的计算实际为十字格计算或称百格计算，文中简化为心算或者数学计算。百格计算为日本教育专家阴山英男所发明，目标在于促进学生的注意力、脑力训练和基础算数演算能力。方法是将白纸上画上横竖各 10 个棋盘格，在横轴和竖轴上填上从 0 至 9 的数字或者任意数字，再将对格加以加减乘除计算。施行百格计算时，务必循序渐进，切勿一次给一百格或数字过于庞大。最好先由少格、简单的数字开始出发，如九格计算、二十五格计算或六十四格计算，等到简单计算熟练后，再逐渐增加位数难度和格子数。

而如果妈妈能够充分利用上每个三分钟，指导孩子解三道算数题，才是真正地为孩子着想。

如果妈妈能够抓紧每一个小间隙，利用三分钟的时间，那么十次下来就有半个小时了。30 分钟的学习时间已经相当长了。因此请妈妈们努力利用每一个三分钟吧，让零碎的时间也能过得有效率。对于不能一口气学习 30 分钟的孩子，就让他分十次学习，每次学 3 分钟也是一样的。

+	3	9	1	7	6	2	8	4	9	3
6										
9										
8										
4										
7										
1						3				
2										
8										
3										
4										

躺在床上也能学习

请家长在孩子学习的时候，不要限制孩子学习的方式。大家要掌握的原则是，只注重内容，而不拘泥于形式。

在训练有多动症倾向的孩子时，我们通常要求孩子在学习的时候需要端坐在椅子上，但即便没有多动症的孩子有时候也达不到这个要求。有多动症的孩子是个特例，除此以外，我认为不一定要苛求孩子在学习时的仪表仪容。

请家长把学习和礼仪的联系一刀两断吧。当孩子学习的时候，不一定非要求他在书房里正襟危坐。孩子想坐在客厅里学习也可以，把书拿到餐厅里去念也未尝不可。

另外，孩子如果边走路边看书的话也没关系啊。

如前所述，当人边走路边学习的时候，大脑的记忆能力最佳。实际上，从古至今有不少人的聪明点子就是在边散步时边灵光闪现的。

当孩子在房间里边溜达边读书时，在家里不停踱步思考算术题时，请妈妈默许孩子的做法。不要说什么："你怎么不坐下正经读书，瞎溜达什么！"只要孩子在学习就好了，不要管他以什么姿势在学。

我本人在工作的时候也时常在房间里徘徊。无论

孩子在学习的时候，不要限制学习的方式。

9读书还是思考问题，我自认为边走边思考，确实要比坐着呆想的效率要高不少。

在一定的学习时间里，重要的是要提高学习效率，这和行走坐卧的礼仪并不搭边。只要孩子在学习，家长就不要说：“你姿势不正确！”或者“这么低头看书眼睛都不好了！”之类的话。

顺便说一下，最新的眼科研究表明，看书时眼睛离书很近并不会造成视力下降。实际上视力在很大程度上受遗传的影响。妈妈若是见到孩子躺在床上看书，既然孩子在学习，就不妨准许他这么做。

另外，家长可以在其他时候帮助孩子养成正确的礼仪规范。如果孩子七扭八歪的吃饭，可以教训他：“吃饭时要坐正！”如果孩子靠近看电视，也可以教育他：“离电视远一点，注意眼睛！”我一直认为养成正确礼仪也是很重要的。

同样，不让孩子厌烦学习也是很重要的。如果家长在孩子学习的时候，总在旁边唠叨他的坐姿或者学习态度问题，很容易让孩子分神，而且会觉得学习很麻烦。所以家长尽量不要在孩子学习时打断他的思路，让孩子将注意力放在学习上，而不是其他方面上。

逐渐减少缺乏集中力的时间

学生在一两年的时间内持续提高集中力，全神贯注准备考试是件非常艰难的事。尤其对于小孩子来说，做起来很力不从心。其实对于任何人来说，一直保持高度集中也是极难的。

对于小孩子来说，家长与其强求他一直保持高度集中，倒不如帮助他减少注意力不集中的时间，这样来进行一两年的学习是可以做到的，是一种更有效的可持续学习模式。

我们可以分析一下，人的注意力下降的几种情况：比如困倦的时候，身体疲劳的时候，情绪不好的时候，或者有其他操心的事的时候。

众所周知，如果缺乏睡眠的话，大脑运转起来就慢了。所以家长首先要帮助孩子养成早睡早起的好习惯，保证有充足的睡眠时间。另外，当人身体不好，疲惫不堪时，注意力更容易下降。所以妈妈一定要关注孩子的健康成长，充分调理好孩子的身体情况。

如果饮食不恰当也很容易造成身体疲倦。家长每天一定要让孩子吃好早餐，一大早给身体充电，让头脑运行更顺畅。可能有的妈妈害怕女儿太胖，而控制孩子的饮食。我希望这样的家长能在医生的指导下操作，不要擅自减少孩子的饭量，特别是不要进行极端的节食减肥。

如果孩子有烦恼的事，或者有特别在意的事，他的学习集中能力也会下降。所以请妈妈一定要多多留意孩子的情绪。

如果我们能帮助孩子减少注意力不集中的时间的话，即使他仍做不到持续保持高度集中，但他的学习成绩还是会有显著提高的。如果能让孩子持续的保持一个稳定学习状态，这样的学习效果是最好的。

我们希望能让孩子在考试的时候，仍旧保持这样一个稳定的学习状态。虽然有的孩子能够在考试时超常发挥，考出异常好的成绩，但是他在进入重点中学后，也有可能跟不上其他同学，而成为落后生。

所以家长要认清楚自己孩子的能力，不要过分的期待，要求孩子永远保持学习时高度集中。而是让孩子保持一个稳定的状态，持续的发挥，这样才能在考试的时候胸有成竹，顺利发挥。

孩子想看的电视节目就给他看

如果孩子很喜欢足球，那么遇到心爱的球队比赛直播时，一定会迫切地想要观战。如果这个时候家长要求他不许看球赛，要专心学习，往往孩子会不情不愿地学习，满脑子都想着足球的事情，而完全不能集中。

其实这时家长与其让孩子百无聊赖地坐在书桌前浪费时间，倒不如换一个方法，跟孩子说：“你要是那么想看球赛的话，是可以看的。不过作为交换，你之后要花同样长的时间来学习，能答应妈妈么?”

孩子看一场球赛要 90 分钟，如果他能花同样 90 分钟来学习，我认为这样就足够了。如果孩子有点偷懒，家长更要充分的利用这个机会，进一步的鼓励孩子：“你看这些足球运动员，90 分钟的比赛时间里在场上奋勇拼搏，他们多么努力啊！你也要像他们一样，用功读书 90 分钟吧！”

我认为家长与其限制孩子玩耍，倒不如让孩子以和玩耍同样长的时间来学习，这样会更有效率。家长可以和孩子做约定："你很想玩电子游戏机是吧，妈妈允许你玩一个小时。作为交换，也请你学习一个小时啊。"这样孩子就不会一心惦记着新买的电子游戏了。让孩子玩的时候痛痛快快去玩，学习的时候就能更提高效率。

家长要帮助孩子把会分心的事或者游戏都处理好，然后让孩子在约定好的时间里学习，这样孩子会更容易接受。

家长可以让孩子把游戏当成一种放松，并和孩子约定："你想玩没问题，但一定要以同样的时间来学习。""如果你偷懒了，就更要学习了。"这样来帮助孩子把游戏和学习的关系处理好。

用十字格计算，给大脑预热

大脑科学家川岛隆太①教授的研究表明，人在学习之前，最好给大脑也热热身。如果我们不让大脑一开始就处理复杂运算，而是在学习前先给大脑预热一下，大脑的工作效率会高得多。

热身的方法有很多，比如可以进行算术练习或者朗读训练。我们可以让孩子在学习最开始的五分钟进行算术练习，或者大声朗读熟记，然后再进行学习，这样大脑的运转速度就会更快，学习效率就会更高。

---

① 川岛隆太，1959 年生于千叶县。毕业于日本东北大学医学系，研究所医学研究科结业，现为东北大学未来科学技术共同研究中心教授。在日本是“脑机能显像技术”领域首屈一指的专家。著作包括《自行培育自己的大脑》《读书、写作、计算能锻炼儿童的大脑》《藉由朗读十分钟的早报来培养“脑力”》等。任天堂掌上型主机 NDS 百万畅销游戏“DS 脑力挑战”“DS 脑力强化训练”监修者。

首先实施这个方法的，就是著名的阴山英男①老师，他也是百字格计算的发明者。阴山老师在每次上课前，都会边计时边让学生们进行十字格计算，然后才开始正式的教学。一方面他想训练学生们的心算能力，另一方面，他也是想让大家的大脑先活跃起来，于是利用十字格计算法来给大脑热热身。

运用这个计算法，还能对学生的状态进行一个判断。如果给学生每天做计时的十字格计算，就能看出每个孩子的每日变化。比如一个孩子每次计算平均花一分钟，而有天他花了一分半钟才完成计算，老师和家长就要考虑是什么因素影响了孩子。“是不是孩子在学校里遇到什么事情了?”“在家里是不是发生什么事情了?”或者“今天是不是比较累了?”

阴山老师的方法也可以运用到课后的学习中来。

---

① 阴山英男，1958年生于日本兵库县，日本知名教育家。阴山倡导“确保良好的生活习惯”致力于通过反复练习朗读、百格计算等“读、写、计算”来提高学习能力的研究与实践，抵制“轻松教育”的潮流。在没有课外补习班的山口公立小学进行了多年个性化的教学实践。通过10年实践，孩子们纷纷考入重点大学，在教育界被誉为“山口小学的奇迹”。“阴山模式”也因此风靡日本，走向世界。其著作有《天才是怎样炼成的》《每一个孩子都是好学生》。

在做作业前先进行一次十字格计算，既可以起到大脑预热的作用，又可以通过计时来判断孩子的状态和心理情况。如果孩子出了什么状况或者有了什么烦恼，家长就可以通过这种方法进行早期判断，这点也非常重要。

如果孩子某一天状态不好，而家长强制要求他学习的话，恐怕学习效率也不会好。这样的时候，倒不如让孩子早点洗漱睡觉。妈妈可以仔细观察孩子的状态，如果发现哪天他的状态不错，就不妨让他多学习一会。当孩子在大脑清醒，大脑活跃的时候学习，可能他自己都不愿意停下来休息呢。

有的孩子在上考试补习班时，总有这么一个阶段，就是忽然理解能力加强了，学习对他也变得有趣了。在这个阶段，孩子就像忽然热衷于某种游戏一样，忽然着迷于学习。这个阶段孩子的学习成绩也可能飞速提高。妈妈要抓紧，趁着孩子这个学习活跃期，满足孩子的求知欲望，即使孩子想熬夜学习也不要打扰他。

养成“早睡、早起、吃早饭”的习惯

阴山英男老师当年是以提高了兵库县山口小学的学生成绩而闻名。山口小学是一所处于大山深处的小学，附近没有补习班。在这样一所偏僻的小学里，阴山老师通过百字格计算法提高了学生们的学习能力。他所教授的学生，经过初中和高中，最后纷纷考入了名牌大学。

由于他在山口小学取得的良好的教学成绩，阴山老师后来被聘为广岛县尾道市的土堂小学的校长。我曾与阴山老师共同合著《提高学习能力 100 法》（PHP 研究所出版），期间我也参观了土堂小学，和阴山老师共同探讨经验。

土堂小学的董事们知道阴山老师曾在山口小学取得的良好教学成绩，所以对他的期望很高。学校董事们希望：“阴山老师能够立刻提高学生们的成绩！”但是，没有任何教学法能够如魔法一般立刻提高学习成绩的。即使学生每天进行十字格计算，但是计算能力也不会经过一夜之间立刻提高。校董们要求快速取得成功，给了阴山老师很大的压力。

后来阴山老师采取的方法是，首先要求孩子们养成“早睡、早起、吃早饭”的好习惯。可能乍一看这与提高学习能力没有太大的关系，但是实际上良好习惯的养成比做百字格计算更能够见成效。如果做百字格计算，可能需要一段时间才能提高学生的成绩。但是养成“早睡、早起、吃早饭”的好习惯之后，就可以立竿见影的看到孩子们的变化。

要想让孩子养成“早睡、早起、吃早饭”的好习惯，就需要家长来配合，而非单纯能在学校里来完成的。所以阴山老师首先要做的是说服家长们，让家长认同这样的做法，并且在家庭里实施。阴山老师对家长们解释良好的作息习惯可以提高孩子的学习能力，最终得到了家长们的支持。“早睡、早起、吃早饭”的计划终于在土堂小学的每个学生家庭里得以实施。孩子们的学习能力和学习热情也在短时间内得到了提高。

我以医生的角度来看，也觉得这个方法是非常科学的。孩子如果养成良好的作息习惯，这个“早睡、早起、吃早饭”的方法，确实可以提高大脑的运行能力。

当一个人睡眠不足的时候，大脑就动力不足。如果睡眠质量高，那么白天大脑也会很清醒。

因为人是具有一定的作息生物钟的，只要遵循着“日出而作，日落而息”的生活规律，就能获得最有效的生活动力。

早饭是一天中最重要的一餐。人的大脑运转是需要葡萄糖来作为动力的。每天早上起来，我们经过一晚上 12 个小时，前一天从晚饭中获取的能量已经消耗殆尽了。所以早上是最缺乏葡萄糖的时刻。如果孩子不吃早饭而上学，就会因为葡萄糖摄取不足而造成大脑运转效率不高。如果孩子吃了早饭，大脑摄取了充分的葡萄糖，就好像起床加满了油，大脑运行起来就会充满动力。

如果孩子养成了“早睡、早起、吃早饭”的好习惯，大脑就会被调整到一个良好的状态。孩子在良好的状态里学习的话，理解能力也会提高，效率也会更好。这样的课堂教学就能取得更好的成果。通过这样的方式，土堂小学的学生们快速提高了学习能力。

看来“早睡、早起、吃早饭”的方法确实对于孩子学习能力有着迅速提高的作用。所以我希望家长们也能这样做，让孩子养成良好的作息习惯，让孩子们的大脑更聪明。

边玩边学效果不好

如果想集中注意力学习的话，边玩边学可不行。有些孩子总喜欢在客厅里边看电视边学习，但是他总是会被电视的内容吸引过去，而没法集中注意力学习。人在看电视的时候，会被电视里的内容分散注意力，如果看了一半电视关上再学习的话，往往孩子的脑子还无法集中，反而两件事都耽误了。

以前有些考生边听收音机边学习。他们常常会被电台的内容所吸引，而学习的效率就下降了。我自己的经验则是，如果听惯了收音机再把声音关掉，在完全没有妨碍噪声的状态里学习，反而学不下去了。没有背景噪声，我的学习效率反而会下降。

但是也有的孩子边听音乐边学习，他们的学习效率也很高。其实在听有歌词的歌曲，孩子往往会竖起耳朵，被歌词的内容带走神。而在听没有歌词的音乐，

注意力被电视吸引过去，

是没法一心一意学习的。

或者是听不懂歌词的外国歌曲时，孩子就不会走神，也不会影响学习效率。

所以家长对那些“听音乐时状态更佳”的孩子，不妨让他们带着耳机，边听音乐边学习。耳机也同时阻碍了周遭其他的噪声，孩子没有其他的干扰，也更容易提高注意力。

最近，孩子边玩手机或者智能手机边学习的情况越来越多了。虽然小学生有手机的毕竟是少数，但是初中高中生的话，常常会把手机放在书桌上，边和朋友发短信、微信里聊天边学习。这样的话，怎么能集中精神学习呢？

人在看电视的时候，有时候不抬头看画面，边忙别的事边听声音也没问题。但是如果手机里短信、微信响个不停，孩子总会惦记着有没有新消息来了，又琢磨着要回复什么。孩子边玩手机边学习，脑子是在两头转。一心二用，所以说手机严重干扰学习。

所以请家长在小学生学习时，要求孩子关掉手机。有些音乐播放器可以联网，也请家长把这些东西放在远离书桌的地方，以免干扰学习。

第六章

为了培育“成绩好的孩子”，妈妈应该怎么做

会学习的孩子首先要善于预习

家长应该知道想要成绩好的话，孩子最好能喜欢上学习，再通过不断刻苦学习，以及家长的督促，最终能提高学习成绩。虽然说每个孩子的学习能力不同，对于学习的热情也不同，但是家长们要做到的就是让学习尽可能充满乐趣，让孩子对学习充满热情。

如果孩子发现自己比朋友懂得更多，比朋友计算速度更快，孩子自己就会觉得“我好聪明啊！”“我脑子真好使！”家长如果想让孩子发现自己很聪明，首先就要帮助孩子提高学习水平。

对于有能力的孩子，即使让他学习更有深度的东西，也完全没有问题。比如，如果孩子已经对加减法很熟练了，不妨给他一些复杂的计算题目，一些更难的练习让他挑战一下。孩子的计算能力越出色，学习成绩就会越好。

我的弟弟小时候学习并不好，尤其是数学成绩很落后。我实在看不下去了，就让他多进行公式计算的练习。于是弟弟每天都做公式计算练习，逐渐的做起数学题来也就得心应手了，甚至后来弟弟还可以完成高年级的计算题。在小学二年级时，弟弟可以解答三年级的数学题，他特别高兴也变得自信了。从那时开始，弟弟对学习逐渐产生了兴趣，计算速度也越来越快。

我认为如果孩子一开始很讨厌学习，家长就不要强迫孩子。要不然，孩子虽然在家长的强迫下学习了，但是越学越糊涂，就会产生“我脑子不好使啊!”“看来我是个笨蛋啊!”这样的消极念头。所以家长强迫孩子学习会产生反效果，不如趁着孩子还没开始讨厌学习，就让孩子进行计算练习，并逐步提高计算难度，从激发孩子的学习兴趣着手。

如果家长对二年级的孩子说：“你刚刚做的计算题实际是三年级的题呢!”孩子就会产生“原来我连三年级的题都会做呢!”孩子就会更有自信，也更充满学习热情。

虽然以前学校不建议进行课前的预习，但是家长要了解，现在的学校执行的教学要求是“最低标准”。所以家长不妨在最低标准的基础上，再多教给孩子一些东西。

不会学习的孩子要勤于复习

如果有的孩子学习起来很吃力，那么对于不懂的地方反复的复习就是非常必要的。

比如说，如果孩子确实做不了复杂的算术题的话，家长就不要让他反复做同一类的题，让他反复遭遇挫折。对于九九乘法表背诵不熟练的孩子，如果反复让他做乘除法练习，也没什么意义。

如果妈妈老担心着“我们家孩子都上小学三年级了，但他还是做不好乘除法算术题。”要是孩子连九九乘法表都没背熟，家长就让孩子反复做乘除法练习，那孩子肯定越做越错，越错越没信心，自然就会产生厌学的想法了。所以我建议要让孩子反复复习。比如一个小学二年级的学生算数不好，家长可以让他做小学一年级的算术题，会多少做多少。孩子能够一点一点在复习中提高，也在复习中树立信心，所谓温故而知新。到了小学三年级，家长再让孩子重新做一年级和二年级的算数题，把知识反复复习熟练掌握了之后，当孩子再做三年级的功课时成绩就能迅速提高了。

其实所谓的年级，或者学年的差别是不大的。学校录取孩子有个硬标准就是生日，即使都是 9 月入学同一个年级的孩子，实际年龄也有将近一岁的差别。同样是三年级的学生，有的孩子已经快 9 岁了，而有的孩子其实刚刚满 8 岁。

有的孩子记不住平假名的读法、写法，那就让孩子多多复习；一年级的学生不会写汉字，那就让他反复练习汉字的写法；有的孩子不会读简单的书籍，那家长就要帮助孩子在这一方面多努力。

家长要注意的是，不要管孩子是对哪个年级的功课一知半解，要做的是把知识一点一滴掌握牢固，这样成绩就会提高了。不要把孩子跟同学年的孩子比较，觉得孩子怎么落后了，家长就产生焦虑的心态。妈妈们要做的是，了解自己孩子的学习能力，再针对每个孩子的特点，帮助他们掌握知识。

留级一年也能取得前几名的孩子很多

有些孩子可能跟不上同龄人的课程进度，学习有些落后。但把这些孩子调整到低一个年级时，反而解题速度变得很快，学习成绩也提高了。让三年级的孩子回到二年级上课，他之前存在的学习跟不上、不会解题的问题全消失了，最后成了全班的优等生。

如果孩子在三年级的时候，常常学习很困难，产生“我看来不是学习的料啊！”的消极想法，我们倒不如让他学习二年级的课程，产生“这些题太简单啦！我全都会答！我太聪明啦！”的积极想法，这样最终获得的结果也是完全不同的。

如果孩子在低一个年级里成为优等生，那么即使晚一年参加中考，也不会觉得考试是个难以跨越的难关。学生们都很重视中考，尤其中考取胜之后更要乘胜追击，希望在高考中能够考取东京大学。当孩子留了一级后，就会成了年级优等生，他就更容易取得中考的胜利，乃至于高考取胜考取东京大学。因此如果孩子真的留级了，家长也完全不用担心。

妈妈可以这样想“孩子只是因为生日早几天，就早上了一年学而已。”孩子学习成绩差并不是因为脑子笨，而是早了一年上学，年级分错了罢了。

由此还引发一个话题，即从出生的月份来看，不同月份出生的孩子在考试时是有区别的。比如中考时，4 月到 6 月出生的孩子（译者注：相当于中国 9 月、10 月、11 月出生的孩子），考试通过率比较高。

在上学和考试时，往往大家只看到孩子年龄的差异而忽略月龄的差异。一直流传着一种说法，即东京大学的合格者里“4 月到 6 月出生的孩子很多”。这个说法并没有人用科学的理论论证过，也没有确凿的数据。但是在考试业界一直有这样的共识，即“4 月到 6 月出生的孩子，更容易考取东京大学”，考试指导老师也普遍有这个感受。

从上学的时间上来看，4 月到 6 月出生的孩子和第二年 1 月到 3 月出生的孩子是同级生。可是虽然是同级生，孩子们相差了半岁甚至一岁，实际上智力差别是很大的（译者注：日本春季入学为 4 月，因此不同于中国的 9 月入学，日本的入学制度是头一年的 4 月到次年的 3 月。中国的情况是 9 月入学，头一年 9 月 1 日到次年 8 月 31 日出生的孩子为同级生）。

4 月到 6 月出生的孩子由于比同级生有至少半岁左右的优势，所以从低年级开始，对于知识的理解更透彻。这些孩子因为学习成绩更优秀，很容易产生“我很聪明！”“我很棒！”的积极想法。孩子们越有自信就越容易向好的方面发展，学习成绩越好就越喜欢学习，求知的欲望也很高。

而另一方面，1 月到 3 月出生的孩子①因为比同班的其他学生要小半岁到一岁左右，学习就比较吃力，容易产生“我比大家学习成绩更差！”“我是个笨蛋！”这样的消极想法。没有自信的孩子往往容易产生厌学的想法，越不喜欢学习，学习成绩就越差了。

家长为了打破这样的恶性循环，就要先对 1 月到 3 月出生的孩子多加鼓励“你的成绩已经很好了，要知道你可比班里其他同学小很多呢。你比其他同学小半年呢，所以没有关系，你并不笨。”

家长要知道，让孩子从小抱有“我学习很棒！”“我很聪明！”的积极想法非常重要。家长要帮助孩子从小就树立起自信心，并且要帮助孩子铲除打击自信心的因素。

---

① 相当于中国 6 月、7 月、8 月出生的孩子。

从简单的问题着手解题

在考试技巧中，有一个技巧叫“从简单的问题着手解题”。这个考试技巧我将在下一章里详细讲解，大致的意思是，在考试的时候，如果一道题一道题顺着往下做，有时会碰到不会解答或者很难解答的题目。这个时候如果被这道难题绊住了，就会浪费很长时间，考生也容易焦躁，从而影响下面的发挥。我建议考生们在拿到卷子时，先大致浏览一下卷面，找到相对简单的题目。从简单的题目开始着手答卷，把较难的题目放在后面解答，这样考生就不容易急躁，也能更有效率的利用时间，最终拿到比较好的成绩。

同样的方法也适用于日常的学习。

孩子在家里学习的时候，如果在一开始还没进入学习状态时就要做很难的功课，那么他就要比预想的还要花更多时间来解题，孩子就很容易急躁。这种时候，往往不能完成预定的学习计划。我建议学生们在学习时，如果遇到非常难解答的问题，或者学习进度很难进行下去的时候，不妨换一个方式。除非遇到的难题不解开就没法进行接下来的功课，那么可以按部就班的攻克难题。而如果不是这种状况，学生就可以各点突破，先跳过很难理解的部分，从简单的问题着手，这样学习才会更有效率。

妈妈可以告诉孩子“这道题要是太难了，你就先跳过去做别的，下次再做这道题。”让孩子先找简单易解的问题来做。或者妈妈可以在孩子学习时，先浏览一下学习内容，挑出简单一些的内容让孩子先做。孩子就可以花更短的时间来学习了。从简单的问题开始，一天的学习就能更顺畅的进行了。

妈妈先让孩子在学习时从简单的问题开始，孩子解题很顺畅时就会产生“看来我今天学习状态很好啊！”的心态。家长要帮助孩子达到良好的学习状态，这点很重要。如果想让孩子在学习时能够更有效率的利用时间，家长就要帮助孩子调整学习的节奏和方式。

复习比预习更能提高考试分数

如果想让孩子产生“我很聪明”的想法，就需要给孩子一些证明。妈妈要记得常常对孩子说“你能行的!”“你真聪明!”这样的话，另外也要给孩子找到证明这些话的依据。

孩子的考试成绩就是最好的证明！当孩子成绩提高时，妈妈要及时表扬“你看啊！你只要肯下功夫，成绩就能提高这么多！你真是聪明啊，只要肯学习就一定能行的!”听到妈妈的表扬，孩子也会更有自信“就是啊！我果然能行!”

想让考试的成绩提高，就要重视复习。通过复习达到温故知新，学习成绩的提高是立竿见影的。从现在开始，妈妈就让孩子反复的复习已经掌握的知识吧。通过不断的复习，知识能够被牢牢地掌握住，孩子的考试成绩自然能够提高。通过反复的复习，孩子的基础知识也更牢固，这样学习的效果也就显现出来了。

如果妈妈担心孩子成绩落后于其他同学，想让孩子提高成绩，最好的方法就是让孩子通过复习来掌握功课。

告诉孩子，上课不仅仅只是抄笔记

有的妈妈，看到孩子抄了满满几大本课堂笔记了就放心了。但是家长要知道，单纯的抄笔记其实是一点意义也没有的。笔记不是拿来抄的，而是拿来用的。

有的孩子很喜欢抄笔记，甚至只要上课就会抄一大本笔记，可是下课之后一眼都不会看。为了抄笔记而抄笔记，这样做一点意义也没有。孩子也不会通过抄笔记而提高学习能力。要知道笔记不只是为了记录的，妈妈要告诉孩子，在抄了笔记之后要反复使用、参考笔记的内容，以达到熟记并灵活掌握的效果。妈妈可以告诉孩子“常常复习笔记”才是提高学习能力的关键。当孩子反复阅读自己写的笔记后，可能会发现“其实笔记的内容还不是很明白”或者“字写得太潦草，有点读不懂”。当发现这样的问题后，孩子就会想“我下次笔记不能写得太潦草，要是不好好抄写笔记，下次读的时候就更看不懂了。”这样在以后的课堂上，就会更加认真地记笔记了。

反过来讲，对于一些能够熟练掌握的科目，孩子也可以少做一些笔记。对于一些熟记于心的内容，孩子即使只看概括性的笔记，也可以理解学习的内容。孩子可能对于擅长的科目只做简要的笔记也能理解。这一点，孩子一定要在记笔记时在自己的脑子里理清思路。

给孩子简单明了的解释

无论是学校里的老师，还是补习班里的老师，总会有一些老师的教学方法不得当。家长要做的是，不要让孩子受到这样的老师的影响，而产生“我脑子笨，学不会”的想法。

小学的教学内容相对简单，家长是可以亲自来指导孩子的。为了让孩子理解课本的内容，家长不妨给孩子耐心讲解。为了让孩子理解学习的内容，家长可以找一些教学方法得当的补习班，也可以买一些课本的参考书，家长阅读教参后亲自给孩子讲解。

如果孩子通过这一系列做法理解了学习内容，妈妈就要及时鼓励孩子“你果然可以看懂了。当初你不明白，可能是因为课堂上老师没有讲清楚吧。”这么说完全可以。

但是，家长绝对不要在孩子面前说老师的坏话，说什么“那个老师真差劲”之类的话。孩子是很单纯的，很可能回学校对同学说：“我妈妈说了，那个老师真差劲。”虽然在学校里有个别老师教学不得当，但这么说很容易让孩子站在所有老师的对立面上了。其实不只是学校里的老师，如果孩子开始把成年人看成傻瓜、笨蛋，也不是好事。这一点非常重要，家长一定要掌握好这个度。

家长在对孩子说话时要注意，一定不能说“老师不好”，而要说“老师可能没有讲清楚”。

考试成绩不好也不要生气地嚷嚷

家长有时候会烦恼，当孩子的考试成绩出来了，而分数很差，这个时候怎么应对才好呢?

可能有时候家长忍不住恼火，想对孩子训斥几句。但你也要知道，即使嚷嚷了，孩子的成绩摆在那里也不会改变。但是如果孩子根本不在意考砸了，若无其事的玩乐，家长可以对孩子的态度进行批评。

家长可以批评孩子：“你这次考试成绩不好，已经没办法了。但你怎么能完全不理会，照样去玩呢?如果不好好学习，成绩怎么能提高呢?”如果孩子也觉得考砸了很遗憾，赶紧抓紧学习，家长就要表扬孩子这种积极反省的态度，说：“没关系的，你要是好好学习，下次考试成绩就提高了。”家长要记住，不要因为孩子的成绩差而大加批判，而是要看孩子是如何对待这件事的，态度是积极的还是消极的，再来分别采取鼓励或者批评的态度。

如果孩子考试取得了好成绩，家长就和孩子一起享受这成功的喜悦。要是孩子正沉浸在考了好成绩的快乐中，家长却既嫌书桌上太乱，又嫌房间没收拾而批评孩子：“你这次成绩好，但是不好好整理书桌也不行啊。”这样一下子就给孩子浇了盆冷水，剥夺了孩子享受成功的喜悦。

妈妈应该和孩子一起享受成功的快乐，同时告诉孩子：“你太棒啦！妈妈很开心啊！你考试成绩那么好，房间整理也要加油啦！”这样说孩子更容易接受。

其实妈妈不过是换了一个说法，就可以得到更好

孩子考了好成绩，妈妈要及时表扬；成绩不好也不要发脾气，要帮孩子查缺补漏。

的效果。聪明的妈妈会这样对孩子说“你的学习那么好，其他的事情也同样可以处理好的。”这样既能达到鞭策孩子的目的，也能调整孩子为人处事的态度。

家长要掌握的原则是：考了好成绩及时表扬，成绩不好也不要发脾气。如果孩子犯错了却不知悔改，这才是家长真正该发脾气的时候。

仅仅一次考试不顺利没关系

家长应该重视考试和模拟考试的成绩，却也不能过分强调考试的成绩，而忽略了其他。

说到底，无论是什么样的测验还是模考，只是一个“过程”。我们不应该因为一时的成功而得意忘形，也不应该为一时的失败而垂头丧气，而要着眼于长远之处。如果孩子这一次的考试比上一次的考试提高一分或者两分，那么也是一个证明，证明孩子确实取得了一点进步。孩子今天比昨天相比要进步了些许，明天和今天相比又成长了一点。每个孩子就是通过这样一点一滴的进步，慢慢成长到 18 岁，逐渐积累就可能达到能够考取东京大学或者医科专业的水平。

家长要区别对待不同水平的孩子。如果孩子能力很强，那么为了让孩子更有自信，家长不妨拿他和其他同学比较，表扬他：“你比其他孩子相比，强很多呢!”如果孩子的能力不那么强，那么家长就一定不能这么比较了。如果孩子上次只考了 30 分，而这次考了33 分也算是个小进步。只有考 30 分水平的孩子，要想一下子提高考 80 分也不太现实。家长要知道，即使每次只有两三分的提高，但是日积月累下来，也一定会成为一个很大的进步。瑧

家长更要知道，所谓的测验考试，只是检验当时孩子所掌握知识的一种手段。通过测验成绩，就能够分析出孩子当时对于这部分的知识，哪里掌握的还不牢靠，哪里还理解得不清楚。了解孩子的知识漏洞在哪里，就能够及时填补漏洞，成绩也就能够提高了。

如果我们以“要成为一个越来越聪明的孩子”为目标，能够利用好测验这个工具而刻苦学习的话，我们的心情也就不用为每一个小测验的成绩而忽上忽下，忽喜忽忧了。

也有孩子得靠妈妈训斥了才好好学习

教育界里一直有一个争论，争论的焦点是经常夸孩子好还是经常批评孩子好。正确答案是：根据每个孩子的个性特点来区别对待。

我作为精神科医生从事临床心理咨询时所遵循的最基础的原则，就是针对每一位患者的特点，给患者个性化的、针对性强的建议。虽然心理治疗有很多的方法可以选择，但是为了患者最大的利益，我们医生要提供的不是千篇一律的单一方法治疗，而是仔细聆听患者的倾诉，选择最适于患者的治疗法。

家长在培育子女时，也应该运用这个原则，在仔细判断了每一个孩子的个性特点之后，再来决定“这个孩子要多加表扬”，还是“那个孩子要严厉批评”。

但是，书店里众多教育指导书籍里，没有一本提供针对您的孩子的培养方法，每本书只能提供一个大概方向。我最开始强调的也是，每个孩子的成长过程都有其特殊规律。

我认为如果以概率来判断的话，可以说大部分的孩子成长都需要家长“不断的夸奖和鼓励”，但是也有一小部分的孩子需要家长“耳提面命地严厉批评”才能成长。我希望家长并不拘泥于本书中所提供的一些说法和做法，而是针对您的孩子，分析他独特的性格特征来使用最恰当的方法。家长也可以尝试多种多样的方法，来寻求最适合您孩子的养育方法。就像爱迪生的母亲一样，找出最适合自己孩子的教育之道，才是聪明母亲的做法。

孩子的学习状态有早晚区别

虽然我曾经说过，用“早睡、早起、吃早饭”这种方法可以迅速提高学习成绩，但也有例外。这种方式是以医学为根据的，适用于大多数人的有效方法，但也不是针对全部人群的唯一方法。

有的人是早晨型的人，也有的人是夜晚型的人，每个人精力充沛的时段都不同。

一般的来说，大部分人是早晨型的人，即早上起来大脑的效率最高。但也有另一部分人，他们早上效率低，而到了晚上才能进入状态。有一种自律神经失调症叫作起立性调节障碍①，患有这种疾病的孩子，早上的学习效率就很低。患有起立性调节障碍的孩子，早上起床就十分困顿萎靡，而且这种萎靡的状态会一直持续到中午。但是到了傍晚，他却能清醒过来，进入一个好的状态。对于这样的孩子，家长就不能以早晨型来强求他，而是根据他的身体条件，让他在状态最好的时候学习。这样才能达到良好的效果。

有一些孩子，可能还没有达到起立性调节障碍这么严重的程度，但是也会早上困倦，晚上精神。就像吃饭的时候，有人喜欢先挑喜欢的东西吃，有人先挑不喜欢的东西吃，这只是人与人之间简单的不同而已。

如果家长每天注意孩子的状况，就能判断自己的孩子是早晨型还是晚上型。只要找到孩子一天中状态

---

① 起立性调节障碍（Orthostetische Dysreguhation，OD）是一种由于循环系统对起立这一动作的调节功能下降而出现各种症状的疾病，是自律神经失调症之一。其发生率占学童的 3% ~10%，以小学高年级学生至初中生为最多。虽然其愈后良好，但即使到了成年也可能不断发作；尤其是女性特别明显。对 OD 的药物治疗，一般多用升压药，自律性神经调节药，维生素 B_1 等，但其疗效并不理想（主要是见效慢），况且常由于出现胃肠障碍、自律神经障碍、嗜睡、抑郁等副作用而中断用药或迫使换用其他药。

最好的时段，再让孩子在状态好的时段学习，就能达到事半功倍的效果。

但是家长不要想着“我家孩子晚上最精神”，而让小学生每天熬夜到一两点钟，那样就走极端是不可取的。所谓早晨型或者晚上型，实际上整体的作息时间只有一两个小时的差别。家长要做的只让孩子是晚上 10 点睡早上 6 点起来学习效率高，或者晚上 11 点半睡早上 7 点半起床学习效率高，这么小小的差别而已。

可能人与人早晚状态有所差别，但是早饭是对孩子健康成长必不可少的一餐，所以家长务必要让孩子吃早饭。虽然有个别的孩子不吃早饭反而精神百倍，但是妈妈们还是为孩子每天准备早餐为好。

培养孩子好体力

有不少人对于培养孩子体力这方面存在误解。

孩子做运动就能达到培养体能的目的，这种观点是错误的。孩子如果做体育的训练，那么体育的技能就会提高，但不一定体能可以得到锻炼。想成为专业运动员的孩子除外，否则家长不应该为了提高孩子体能，就强迫孩子进行体育训练。

当孩子处于生长期的时候，如果被迫从事高强度的体育训练，就会对身体造成很大的负荷。我们经常会发现，长期接受严格体育训练的人反而不会长寿，我认为这可能与他们从小身体就一直超负荷运转是有关系的。

当孩子长大成人后需要有一定的体力时，在家附近散步就能达到锻炼的目的了，甚至不需要进行专门体育锻炼。其实孩子如果能在书桌前保持正确的坐姿，也是能够达到锻炼的目的。

一般的白领工作所需要的体力，并不一定需要四肢发达、满身肌肉，而是要有能在办公桌前坐满 8 小时的体力。如果想长时间保持标准坐姿的话，就需要锻炼坐功。家长可以试着让孩子在书桌前学习时，保持标准的坐姿坐上 2～3 小时。如果孩子能够一直保持腰板笔直，而不是坐累了就弯腰驼背，那么他工作时长期坐着也会继续保持良好的坐姿。

成年人在工作时所需要的，是即使连续加班也能保持精力旺盛，即使工作压力再大也能不知疲惫而坚持工作的体力。在长达 40 年的工作生涯中，这样的体力是必不可少的。

这样的体力可不是靠单纯的体育锻炼就可以达到的。其实孩子长坐在书桌前学习，本身也是一种锻炼。

如果孩子因为运动不足而身形肥胖，那么家长确实需要让孩子进行一些体育锻炼。其实孩子上下学、上体育课、出外游玩以及日常生活中的运动量已经足够了，孩子的体力在自然而然之间已经具备了。

所以家长们请不要过分担心孩子的运动不足、体力不够，而应该将关注的重点放在提高孩子学习能力上。

第七章

为了培育“会学习的孩子”，妈妈首先要做什么

【幼儿园时期】上小学前妈妈必须要做的事情

学会拼音和数字的读法和写法

家长在孩子上小学前需要做的是培养孩子对于文字的兴趣。如果家长经常拿着带有拼音的图画书给孩子读书的话，孩子就能在不知不觉之间跟着读。孩子是对任何事物都充满好奇的，家长不妨就在讲故事的同时，教会孩子简单的文字。

如果孩子能够将妈妈写下的文字照猫画虎的描下来，就会一点一滴的积累学会文字的写法。家长在念故事书的时候，可以偶尔停下来，指着一个字问孩子“这个字是什么啊?”通过孩子的回答就可以判断孩子是否真正记住了。

众所周知，孩子最好在上小学前就学会自己名字的写法。但其实为了培养孩子一入小学就能有“我比其他的孩子更能干”的自信心，我倒认为，家长不妨把56个日文平假名（相当于汉语的拼音）的写法都教给孩子。

虽然说孩子的发展阶段各有不同，家长也不应该强迫孩子去做他讨厌的事，但是基本上四五岁的孩子，大多数可以背诵全部的日文平假名和片假名的。我希望家长能够观察孩子的状态，在孩子旺盛的求知期，先行教会孩子日文平假名和片假名的写法。

对于数学的学习，孩子先要做的是记住数字的写法。如果孩子记住了数字，就可以摆弄着自己的手指头进行简易的加减法计算了。当孩子能够进行简易的加减法计算，那么他进入小学上算数课就很轻松啦。

在孩子处于幼儿期的时候，模仿能力特别强，任何事物能都快速的模仿下来。其实这个时期，孩子背诵九九乘法表也是很轻松的。有很多孩子能够一边唱着九九乘法歌一边嬉戏，在游戏中就背下了九九乘法表。

我认为让孩子唱九九乘法歌不应该是以学习为目的的，而是以游戏为目的。当孩子每天都能听到“一一得一，一二得二”这样朗朗上口的歌曲，自然而然就会跟着读了。幼儿期实际就是让孩子在游戏中耳闻目染、模仿背诵的时期。

妈妈要给孩子读书

妈妈应该趁孩子的幼儿期，尽可能多地给孩子念书来听。孩子会在妈妈的朗读声中，体会到妈妈的爱意。每次亲子读书时间，孩子总会很开心、很愉悦，自然而然地就会喜欢读书了。

其实孩子在听一些短小的故事时，是能够记住故事内容的。虽然孩子还不识字，但是能在听故事的时候，先理解故事的内容，之后所要做的就是把文字和音符联系在一起了。

可能对于妈妈来说，希望给孩子读很多种类的书，觉得这样总有新意、更有乐趣。其实对于孩子来说，往往更喜欢反反复复的读他最喜欢的那一个故事。家长也要知道，对孩子反复不断的读同一本书的话，孩子对于故事记忆得深刻，在文字学习的时候更容易把文字和音符联系在一起，学习会更容易。

对于已经学会了一些文字的孩子，再读那本百读不厌的书时，家长不妨让孩子试着自己读故事：

“今天就换你来读给妈妈听吧！”

请妈妈都对孩子这样说吧，让孩子自己来试着读书。很多针对幼儿的书籍里面，每页只有一两行的文字，孩子读起这样的书来会更省力，也更起劲。

“你太棒啦！都可以读书啦！你已经是个小哥哥啦，妈妈好高兴啊！”

请妈妈们积极的给予孩子鼓励吧。得到了妈妈的鼓励之后，孩子就会越读越爱读，期望得到妈妈更多的鼓励。

如果家长坚持为孩子读书，让孩子读书，那么孩子在这每天的亲子读书时间中就得到了学习，头脑也会逐渐变得越来越聪明的。

可以参加小学的入学考试，也可以不参加

有的孩子从小就特别聪明，这样的孩子可以选择考试进入优秀的私立小学。

日本有像庆应幼儿园[1]或者成城学园[2]这样的一贯式学校，提供从幼儿园、小学、初中、高中乃至大学的一贯式教学。但是有的家长会担心，孩子一旦上了这样一贯制的学校就会放松不学习了。现在比较普遍的是，孩子不上私立小学，而是进入一般的公立学校，同时上一些补习班。大多数的家庭都采取的是这样的做法。

但是，如果孩子上了私立小学，一般要求的是午饭吃自己家里带来的便当。有些妈妈每天疲于给家里大人孩子准备便当。作为职业女性的妈妈更加辛苦，虽然让孩子进入私立小学是为了获得更好的教育，但是在不知不觉之间，妈妈们每天都要为配合学校的活

---

① 庆应义塾幼稚舍：是所位于东京都涩谷区惠比寿的私立小学，也是日本最古老的私立小学，1874 年建立，至今已经有 140 年的历史。其教育理念是“独立自尊”，学生来自东京富裕阶层的家庭，从幼儿园一直到大学，只要愿意，学生都可直升，90% 以上学生大学升入名校。庆应义塾的校训是“先成兽身，后养人心”，是该校创始人福泽渝吉倡导的办学理念。幼稚舍致力于锻炼儿童的身体能力，从入学到毕业，为孩子准备了多种体育活动和体验活动，为孩子们锻炼身体提供场所和机会。

② 成城学园：是一所位于日本东京都世田谷区的私立学校，创立于 1950 年。成城学园是从幼儿园到大学一贯制的私立贵族学校。历史悠久的文艺学部培养出了不少有名的艺人和演员。学校致力于在清新自由的校风之下，通过对少数人的精英教育，努力培养出“尊重个性”“创造力丰富”“感性丰富”的学生。学校的目标是成为对未来社会做出贡献的学园。

动而发愁，压力很大。夫妻都工作的双职工家庭，在考虑让孩子是否参加私立小学入学考试前，要好好研究一下。

以前的公立小学都会留很多的课后作业，而如今情况改变了，公立小学很少留课后作业。甚至有的小学一点作业都不留。

上学其实最重要的是提高孩子的学习能力，如果换个角度来看的话，只要学习能力提高了，中考的时候就能顺利应对了。如果学校擅自留很多作业的话，那么孩子的课后时间就非常有限，就没有时间进行系统学习了。

最近的小学所留的课后作业并不是算数的练习或者汉字的练习，而是所谓的有一定主题的“调查问卷”。孩子要通过和同伴的合作，对当天的这个主题进行调查，以完成作业。如果作业的主题是有意义的还好，但有的时候主题是老师随自己的兴趣而定的。这样的调查作业就更像是一种游戏了。私立小学里这样的倾向更加突出。如果家长把这些都考虑进去的话，那些一点作业都不留的公立学校就很占优势了。

【小学一年级至三年级】养成良好的学习习惯

这个阶段是和妈妈一起学习更开心的时期

从大人的角度看小学低年级的学习内容是非常简单的。家长很容易会产生“这么简单的题目，孩子自己学习就行了”的想法，妈妈往往交代孩子好好做习题之后，就放任不管了。

如果孩子能顺利做完习题当然很好，但有时碰到自己不能理解的学习内容，孩子就会很苦恼。那些大人看起来非常简单的问题，对于孩子来说，可是很难的功课呢。

我认为，从小学低年级开始，妈妈最好陪着孩子一起完成课后的学习，这点非常重要。即使妈妈是职场女性，工作非常繁忙，也应该利用做晚饭的时间，把孩子叫到厨房里来学习。让孩子在自己的眼前完成学习也是可取的办法。

如果孩子进入自己的房间关起门来，妈妈就不能够掌握孩子在干什么，是否在学习。如果是男孩子的话，没有家长的监督更容易松懈。所以我认为，为了更好地督促孩子学习，在小学低年级的时候，妈妈不妨让孩子在厨房或者客厅里学习。这样的话，一方面可以对孩子更好的监督，另一方面也是给孩子一个陪伴。

孩子从幼儿期到小学低年级这个期间，是一个语言习得的重要时期。从这个角度来讲，让孩子一直处于妈妈的关照之下，在客厅里与妈妈一边说话一边学习，就会进步很大，学习效果也会很好。

妈妈问："这个字怎么读啊？"

孩子说："红色。"

妈妈问："那么你还知道其他的颜色吗？"

孩子说："蓝色、绿色、黄色、紫色。"

妈妈说："这些字你都会写吗？"

孩子说："我好像不会写紫色，其他的颜色我都会。"

妈妈说："那你写来试试看吧。"

像这样，在母子亲切对话的同时，孩子既学习了汉字，又练习了语言，还锻炼了回答问题的方法。孩子在一问一答之间，也练习了自己的会话能力。

如果孩子把所有的汉字都写下来的话，妈妈可以拍手表扬：“好棒啊！你都写出来啦！”得到了妈妈的鼓励，孩子会非常高兴的。如果是求知欲非常强的孩子，家长还可以趁机把“紫色”的写法也教给孩子。

妈妈可以说：“你想不想让妈妈教你写紫色啊。‘紫’这个字非常难写，连你的小哥哥、小姐姐都不太会写呢。要是你会写的话，该多厉害啊！”

孩子的心里都有一个强烈的愿望就是“我想变得像大人一样”，如果他们能写出连小哥哥、小姐姐都不太会写的字，就会非常地高兴。

低年级的孩子如果能和妈妈一起学习的话，就会觉得“我能和妈妈在一起真开心啊！”以及“我要是能写字了，妈妈就会特别高兴，我也会特别高兴的。”在这样的气氛中，学习就能逐渐取得进步。实际上家长这样做的效果是让孩子感到“学习是快乐的”，产生“我喜欢学习”的感觉。

妈妈要善于发现孩子擅长的科目

在孩子处于幼儿时期时，无论学会了些什么本领，或者掌握了什么技能，都能得到父母的夸奖："你都会读平假名啦！""你都会写字了！""你都会算数啦！"当孩子听到父母的赞扬时，就会觉得自己做成了一件了不起的事情，非常高兴。

而当孩子升入小学之后，家长往往将学习看成一件理所当然的事，态度也随之改变了，认为"学生学习知识都是理所应当的。"这样的话，往往家长对孩子"有能力的部分"视而不见，而是只关心孩子"能力不足的部分"。

家长往往觉得小学生"不能面对挫折"或者"不能静下心来做事"或者"不能收拾自己的房间"，对孩子的不足之处百般挑剔。其实如果家长能够设身处地的想一想，就能体会孩子的失落："为什么妈妈只看到我不足的一面，而不再夸奖我了呢。"

所以各位母亲应该抱有这样的想法："这个孩子虽然不太会收拾自己的房间，但是他很擅长写字。他能够写不少的汉字，而且算数也非常好。”这一点是很重要的。

家长要知道，这个世界上是没有完美的孩子的。学习又好，运动又强，能把自己的房间收拾得干干净净的，还对父母的话言听计从……想要这样的孩子，简直是白日做梦。如果您的孩子非常健康，而且有一两项擅长的科目的话，那就足够了。所以如果您的孩子学习很好的话，就请以此为中心来善待孩子吧。

家长首先要做的是要赞扬孩子所擅长的地方，比如称赞孩子学习好，以此为基础再引申到其他方面，帮助他改善生活态度或者其他的方面。家长应该在孩子处于小学低年级的时候，着重于孩子“擅长的事”，逐渐培养孩子的自信心。

背诵课文和抄写练习

阴山英男老师要求学生在学校里对于课本的内容熟记于心。可能成年人都觉得“要背诵课文太难了，做不到啊！”可是对于记忆力正值巅峰时期的小学生们，背诵并不是什么难事。只要通过反复的练习，背诵课文是可以做到的。

通过背诵课文，能够大大提高语文的能力，也可以提高写文章的能力。孩子的语文学习是基础学习能力里最重要的一环，所以家长们不妨也多让孩子练习背诵。

但是，背诵只是对于能够流利阅读的孩子适用。如果孩子连基础的汉字都读不通顺，就强迫孩子进行背诵练习，恐怕就是强人所难了。如果家长先给孩子读课文，让孩子通过聆听而记忆，之后再通过自己的阅读来背诵的话，则更是要求孩子达到一定的文字阅读水平和书写水平。

在家长要求孩子背诵课文之前，首先应该要求孩子大声地朗读课文，当课文读得很通顺了之后再背诵，效率会非常高。

要想提高孩子写作文的能力，抄写文章的练习是十分有效的。家长可以每天让孩子抄写教科书或者小学生报刊杂志的内容。这样做不仅能够提高孩子对于文字的理解能力，还能增进对于文字的记忆能力。孩子在抄写的过程中如果遇到不认识的字，就可以查字典，这样查阅字典的能力也能得到锻炼。在引用字典时，经常会使用即时贴的方法记录。孩子不断的查字典，不断的写即时贴，不断积累。当孩子看到自己写了这么多的小纸条时，也会非常高兴，浑身充满干劲儿。

在汉字学习的过程中，需要孩子进行不断的抄写练习。文字的学习就是这样，抄写的遍数越多，写字的能力也就越好。这个时候，让孩子进行系统的文字记忆，比抄写无意义的词语更有效率。

家长可以帮助孩子把一个类型的汉字放在一起记忆，比如把描写颜色的“红、绿、白、金”放在一起；或者把描写身体器官的“目、口、耳、手、足”放在一起；把描写大自然的“空、天、雨、日、月、山、川、土、木、林、森、竹”等放在一起记忆。孩子在背诵的时候，可以同时想象着颜色、身体器官或者自然的形象，通过这样的文字分组，孩子能够记得更深刻。

增加百格计算的练习时间

小学低年级的学生最应该掌握的技能就是计算能

力。计算能力是可以通过不断的练习、不断的积累而提高的，因此可以说每个人都能通过锻炼而掌握计算能力。

我一直认为，百格计算是最简单的计算练习法。我们只要画一个横十行、纵十列的格子，就可以开始进行计算练习了。要画一个这样的百格，我们无论是用笔记本还是随便拿张草纸都可以，因此可以随时随地的进行计算练习。

百格计算的要点就是计时练习。家长拿着手表在一旁喊口令“这次规定两分钟，两分钟到啦！”或者“才一分钟就做完啦！”这样的练习对于孩子就像在做游戏一样，充满了乐趣，孩子也会百做不厌。

家长在给孩子做百格计算计时的时候，还可以利用厨房的煮蛋计时器。只要定好时间，一到点计时器就会发出好听的铃声提醒。在这样的计时声中，孩子可以和兄弟姐妹比赛，可以和父母竞争，孩子甚至会喜欢上计算练习。

但是对于那些计算能力稍差的孩子来说，百格练习也比较难以应对。家长在面对这样的孩子时，就要采用适合他的方法，比如一开始可以画一个横四行、纵九列的小格子，或者横两行、纵五列的小格子。让孩子从自己可以完成的部分开始，然后逐步提高难度，孩子就能够熟练而快速地完成计算练习了。这个时候家长也不要着急，要充分的信任孩子，因材施教才能达到最好的效果。

如果家长操之过急，要求只能完成横二纵五格子计算的孩子硬去做百格练习，那么孩子反复产生挫败感，觉得“我算数不好”，就会产生反作用了。要知道，剥夺孩子的自信心是完全没有意义的，所以一定要使用最符合孩子水平的最恰当的方法。当孩子已经熟练掌握了横二纵五格子计算后，自己主动要求：“让我试试横四纵九的格子计算吧”或者“我想练练百格计算”的时候，家长再应孩子要求，提高计算难度就好。

其实即使到了小学的高年级，依旧可以应用百格计算法。就像本章最初所讲的那样，在每天学习一开始，运用百格计算给大脑热身，之后的学习效率将会更高。

算数练习和用公文式能让孩子喜欢算数

当家长要培养孩子的计算能力时，百格计算法是一个好方法，另外还可以买一些计算的练习册给孩子。通过大量的计算练习，让孩子的计算能力有所提高。在孩子做练习册上的习题时，家长最好不要计时。

公文式[①]也是一个非常有效的计算方法。利用公文式学习法，能够迅速积累计算练习成果，提高孩子

---

① 公文式学习法：是源自日本的一种学习方法，也叫能力开发法，它不仅是一种学习的方法，而且能通过载体来培养幼儿的各种非智力因素。有人称它为“非常亲切式教育”，它也相当于我国目前所提倡的素质教育。公文式学习法创立于1954年，始创人公文公先生是一位日本的高中数学老师。当时，由于他的太太不满意其正在就读小学二年级的长子（公文毅先生）的数学成绩，于是当公文公先生细看儿子的情况后，开始对中学、小学时必须掌握的数学内容进行了整理，经过多次尝试后，有针对性地编写了一套帮助儿子依靠自身能力“自学自习”的数学教材，好让他能顺利地学好高中数学，而这就是现今公文式教材的雏形。学前儿童数学学习活动，是通过游戏的形式，以辨数、认数、点数、写数直至计算的过程。公文数学将儿童感知数的规律，用游戏的方式投入数学学习活动。儿童在动手动脑的过程中—具体讲儿童在连线、画线、走迷宫、点数画图的过程中，学会了握笔、运笔、认数，直至发展到高层次的以逻辑推理为主的数学学习活动。

的计算速度。我的弟弟就是应用了公文式学习法，从而提高了计算能力。

另外我觉得算盘也是一个很好的计算工具。我在上小学的时候，学校会教如何使用算盘进行计算，我那时候的计算速度也非常快。只要看到算数题目，我的脑海里就会浮现出算盘的算珠，只要在心里上下一拨动算珠，立刻就能心算出结果了。所以家长不妨也让孩子试试算盘，练习计算。

但是有的孩子运用算盘能够顺畅的计算，有的孩子则不然。我的弟弟就是这样一个例外，他虽然上了一个教授珠算的补习班，却十分讨厌算盘。我猜可能是这种方法并不适合他吧。对于我弟弟来说，他更适合用公文式练习，计算能力得到了提高。所以家长也应该意识到，无论是百格练习、公文式还是算盘，每个孩子的接受程度都不同。请帮助孩子选择一个最适合他的方法，来进行计算练习吧。

教会轻型多动症儿童使用筷子

有种现象在以前的教室里可能很少见，但现在的课堂却时有发生，就是有的学生上课到一半就会站起来走来走去。这样的孩子就是患有多动征倾向的轻度多动征儿童。

但是其实多动症的遗传因素很大，所以从生物学的角度来看，很难解释为什么在这数十年间激增了那么多的多动征儿童。可能以前也有一些孩子患有轻微的多动征倾向，但是由于以前的课堂和家庭生活都非常严格，所以孩子克制住了自己在上课时起来走动的冲动。

其实我自己小时候也有多动症的倾向，在家里在椅子上根本坐不住，时常坐一两分钟就得起来溜达一圈。但是我小时候所受的教育是“在教室里就要老实坐着”，所以能够坚持在学校的时候端坐在课桌后面（但我小学一年级的时候，也曾经上着上着课，就起来在教室里走动一圈）。我想那个时候，有很多的同学其实是和我一样的。在那个时候，老师不认为学生是有多动症，而是觉得“这个学生太淘气了，坐不住”。

对于只是坐不住的多动征倾向的轻度多动症儿童，可以通过一定的训练而进行改善。

其实对于患有多动征的重症儿童，如果对他提出要求“你再坐 5 分钟”，孩子是有可能通过训练逐步延长坐下的时长的。在精神医疗界也有通过行动疗法，对有多动征倾向的儿童进行行为修正的。如果一个孩子在全班同学都在上课的时候，还会控制不了自己而站起来，那么我只能说这是一个非多动征重症儿童训练不足的证据。

所以家长不应该觉得“不能给孩子一点压力”，而是要想“如果着眼于未来，应该给孩子逐渐的施加一点压力”，而要求孩子在椅子上坐稳。我认为，作为训练的一种方式，家长应该让孩子练习在家里长时间坐下。

如果孩子连在椅子上坐稳一段时间都达不到的话，那么连入学考试也很难完成，更不要提中考合格甚至高分被录取。日本开成中学的入学考试的考试时间是要求国语 50 分钟，数学 60 分钟，理科 40 分钟，以及社会学 40 分钟。一共算起来，孩子需要在书桌前坐满 3 小时零 10 分钟才能完成所有的考试，否则难以考试合格。即使孩子有轻微的多动症倾向，只要通过一定的训练达到行为矫正，是完全可以坐满 3 小时零10分钟，并完成所有的考试内容的。

虽然说有多动症倾向的孩子有不踏实、坐不住的缺点，但是他们的长处是好奇心旺盛，对各种事物都充满兴趣。所以家长要多观察孩子的长处，再帮助孩子发挥自身的优势，达到进步。

家长应该研究孩子的兴趣所在，如果孩子暂时失去对于这一点的兴趣，那就让孩子投入下一个兴趣点。这也是爱迪生母亲的育儿方式。如果家长能够让孩子一直充满好奇心，那么对于多动症的孩子来说，学习也是充满乐趣的。孩子会觉得“虽然坐下来有点辛苦，但是学习还挺有趣的！”这才是帮助多动症孩子的最好方法。

对坐不住的孩子讲讲爱迪生的故事

我觉得，家长可以对那些总是坐不住、踏实不下来的孩子，讲一讲爱迪生的故事。

爱迪生的小时候其实是一个踏实不下来的孩子，他对每件事都超不过三分钟热情，总是两三分钟就厌烦了，转过头去做另一件事。

但是爱迪生的母亲却觉得孩子这样并不是件坏事，她主动迎合小爱迪生的兴趣，配合他做事的步调。因此，爱迪生即使对每件事只有三分钟的热情，却能在这三分钟之内比别人投入百倍的集中力。就这样他最终成为世界上最著名的发明家之一。

所以家长不应该在孩子蠢蠢欲动的时候斥责孩子："你给我老实坐下！"而是告诉孩子"发明家爱迪生其实也总是不能老实坐稳呢。"让孩子不对自己的行为感到焦虑，而是让孩子先冷静下来。当孩子安稳下来后，家长就可以给孩子讲爱迪生的故事了，告诉孩子小爱迪生拥有那么多的兴趣，却能够投入百倍精力在每一件事上，最终完成学习。

妈妈可以说："虽然爱迪生总是很快就厌烦了一项学习，但是在他学习的这五分钟之内，要比其他同学更加用功更加投入。他并不是一学习厌倦了就去玩耍了，而是这项科目厌倦了，就去进行另一项科目。他充分利用了每一个五分钟的时间，投入到每一门功课里去。"

家长还可以告诉孩子，爱迪生还是一个求知欲望特别强烈的孩子，对于不懂的事物一定要刨根问底，弄个清楚。他总是说着“这是为什么呢”，“那是什么原因呢”去请教别人。有时候学校里的老师被爱迪生追问得烦了就会说：“连这么简单的问题你都不知道，你真是个笨蛋啊！”但是爱迪生的母亲却不这么认为。她觉得是学校老师的教学方法有问题，于是决定自己亲自教孩子。爱迪生的母亲亲自教孩子之后才发现，原来爱迪生是一个这么勤学好问的孩子，对于不明白的事情一定会反复追问。这样的孩子怎么是笨蛋呢，这才是聪明的孩子啊。

妈妈可以告诉孩子：“在学习的时候，如果碰到不懂的地方，并不说明你很笨。你应该像爱迪生那样，遇到不明白的地方就提问，直到自己懂了为止。所以请尽管来问妈妈吧，我会帮助你把问题弄明白的。”

在妈妈的帮助下，如果孩子可以不懂就及时提问，就不会带着知识的漏洞而进行以后的学习了。

天资聪慧的孩子如果不学习，成绩也不如人

很多孩子在小学的时候会参加智商测试。通过智

商测试能够检验出孩子的基础智力水平。

但是，很多智商测试得高分的孩子，并不见得在考试中能拿到高分。经常有很多孩子通过智商测试，获得高智商的结果，别人都认为他是个“聪明的孩子”。但是这样高智商的孩子并不见得能够考上东京大学，却往往流落于三流大学。

为什么会有这样的结果呢，可能是因为人的潜力和所能达到的成就并不是关联的。即使个人的潜力很高，也不一定能达到相应的成就。

曾经在职业棒球界里有一位运动员，他奔跑的速度非常快，甚至超过一些奥运田径运动员的水平。他还是日本百米跑的记录保持者。因为他比其他棒球选手的奔跑速度要快很多，球队就让他担任跑垒手的任务。但是，这名善于奔跑的运动员却在比赛中不能发挥水平，很少盗垒成功，不能帮助球队取得胜利，最后三年合同期满就退役了。他不仅不能作为棒球选手继续比赛，也失去了擅长奔跑的优势，不能作为跑垒手继续参加比赛。

这位运动员虽然拥有很强的跑步能力，但是棒球运动有自己的比赛规则，棒球运动员要根据场上的情

即使是当运动员，只有运动天赋也不行，

后天的学习和训练同样重要！

况来决定自己应采取的战术。如果这名运动员不能掌握比赛的要领，那么无论奔跑的速度多快，也不能胜任棒球这个运动。

智商测试也是同样的道理。智商测试实际上也是通过测试者在一定时间内答题的正确率得出分数的。如果孩子在做测试题时不能很麻利地答完题目，那么分数就不会高。因为在学校里的考卷和智商测试的题目是完全不同的类型，因此即使有的孩子在智商测试中拿到高分，也不见得能在考试中考出好成绩。考试的技巧是：孩子做题时要准确，答题的效率要高，否则难以成功。

无论是智商测试取得高分的孩子，还是天生素质很聪明的孩子，都不见得能够取得考试的成功。如果家长不能理解这一点，有可能把孩子培养成为各方面素质都不错、但是偏偏考试成绩不好的学生。

即使孩子很聪明，但是如果仗着自己的头脑聪明而不勤于学习，那么再聪明的孩子也会被其他勤学的孩子所赶超，而失去自己先天的优势。因此我认为，家长一定要趁孩子还处于小学低年级的时期，就要培养他塑造良好的学习习惯。这一点非常重要。

正因为被视作" 小皇帝"，就更要勤奋学习！

给孩子买电动游戏也是可以的

中国实施独生子女政策，每个家庭都只有一个孩子，所以全家都将孩子视为掌上明珠。孩子就像“小皇帝”一样被爸爸妈妈、爷爷奶奶、姥姥姥爷六个人加倍爱护，孩子更是想买什么就给买什么。

这六位家长虽然什么都给买，但是他们对于“小皇帝”们的学业可是一点也不会放松的。父母和祖父母们才不会认为让孩子学习很辛苦很可怜，而是“为了孩子着想”，对孩子的学业非常抓紧。

这些家长正是出于对自己唯一的孩子、唯一的孙子的疼爱，希望孩子能够通过学习而在长大后获得幸福，因此才对孩子的学习绝不放松。一方面家长尽量满足孩子的物质需求，另一方面严格要求孩子刻苦学习。我认为中国人的这种做法非常合理，即使做皇帝也得勤学苦练，或者说正是因为孩子是皇帝，所以更要勤学苦练。

这种的思维方式非常值得我们参考。在一定程度上说，孩子想要什么家长就给买什么不见得是一件坏事。如果身边其他的孩子每人都有一台电子游戏机，而唯独你的孩子没有，那该怎么办？如果孩子张口说："我也想要一台电子游戏机！"那么家长不妨就满足孩子的要求。但是买电子游戏机的同时，家长也不能放松对于孩子学习的要求，这才是真正地为孩子的将来着想。

当然，可能也有人会想"孩子只要一玩上电子游戏机，就肯定会整天宅在家里。"但是对于"宅"现象最在行的精神科医生齐藤环①博士却有不同的看法。他说他从没有见过因为玩电子游戏机而成天闭门在家，不与外界接触的孩子。而有的人可能本身成天在家，闭门不出，才会打游戏来消磨时间。对于这些本身就是宅在家的人来说，关着房门玩好几个小时的电子游戏，其实一点意思也没有。

我认为真实的情况是，这些人并不是因为喜欢玩游戏而成天宅在家里不出去的，而是因为讨厌学校才

---

① 齐藤环（1961 年 9 月 24 日至今），精神科医生、批评家，专攻青少年精神病理学。现任筑波大学医学医疗系社会精神保健学教授。他擅长研究日本青少年的"宅"问题，即闭门在家，拒绝与社会接触的青少年问题。

躲在家里，因为实在无聊没事做，才打游戏消磨时间的。

对于这样的孩子，如果突然把电子游戏机拿走，他就会陷入无所事事的状态，穷极无聊甚至有可能去看一些自杀网站。

如果家长不探索孩子宅在家里的真正原因，不从根本解决问题，而只是简单粗暴地把电子游戏机拿走，其实什么问题也解决不了。

电子游戏本身是没有罪的。现在三四十岁的爸爸、妈妈们，可能自己小的时候也很喜欢电子游戏吧。再往以前的人，可能还不知道有电子游戏的时候，也会对电视游戏或者其他的游戏上瘾，玩不停手吧。

现在我们知道了，容许孩子打游戏也并不会造成孩子成天宅在家里不出门。所以如果孩子实在想玩的话，家长倒不妨和孩子约定一个时间（定时间这一点很重要），容许孩子玩一会游戏，然后再让孩子好好学习。这样做可能效果会更好。

避免孩子从电视上习得恶习

如果孩子非常想看电视的话，请妈妈们容许孩子看吧。妈妈可以和孩子约定“每天看一个节目”，或者“每天看两个小时电视”，这样先行制定了一个规则之后，孩子具体看哪个节目就不用要求了。

可能家长更喜欢看知识性强的竞猜类节目，或者访谈类节目，但是在约定的时间内，请以孩子的喜好为主。孩子无论是看歌舞节目、搞笑节目还是综艺节目都未尝不可。

但是，如果妈妈发现孩子从电视上受到了不好的影响，养成了不好的价值观的时候，就一定要介入，改变孩子的看电视方式。妈妈可以根据具体情况，来限制孩子看的电视节目。

在一些综艺节目里，笑星为了搞笑而做恶作剧，甚至把人当猴子一样戏耍。其实这样的表演和那些在学校里欺负弱者的学生没什么区别，都是通过捉弄别人而取乐。笑星们有的扮演傻瓜，有的扮演施暴人，有的扮演愚弄别人的人，有的扮演被愚弄的人，这些笑星们各司其职，每个人都赚得满盆满钵，可是孩子怎么能明白这些大人的事呢？

我们不能让孩子们认为“只要做点蠢事，就能逗别人发笑”，所以要适时的解释给孩子：“那个人啊，是靠演技来演出来的那股傻劲儿，这只是他的工作。”所以孩子应该知道，要是不想成为职业笑星，就不应该模仿那样的愚蠢行为。

另外，孩子总会觉得“只要在电视里出来的人都很了不起！”所以如果电视里的批评家大言不惭地说：“从东京大学毕业的官僚都是些废物！”或者“现在的医生都不会为患者考虑！”而孩子听到这些言论，就有可能真的接受这样的论调。所以妈妈要注意的是，需要告诉孩子不要认为“电视里出现的人所说的话都是正确的。”这一点非常有必要。

现在的电视节目即使是综艺节目，也会时常向观众传递“世界上还有这样的奇事”这样的信息。妈妈也需要辨明真伪，指导孩子看电视。

关于这点，妈妈还要和爸爸一起合作，因为在孩子心目中，父亲是无所不知、无所不能的。到中学时代，孩子有可能对家长的观点有所抵触。但是在小学的低年级，孩子对于父亲是十分信任的，父亲的观点比电视里的人说的要更可信。

帮助孩子避免校园暴力

我自己小的时候是个孱弱的孩子，经常遭到同学的欺负，所以我了解校园暴力。说到校园暴力这种现象，其实是分不同的类型的。我并不是受到暴力型的欺负，而是常常被同学嘲弄，或者排挤在小圈子以外。

如果您的孩子在校园里遭遇到暴力行为，比如同学威胁他“你明天从家里拿点钱来给我!”那么家长一定要保护好孩子免受欺负。

首先家长要做的是告知校长，告知教育委员会，让校方着手应对校园暴力事件。由于这种胁迫要钱的行为实际上已经达到了犯罪的范畴，所以家长要告知学校：“我们会联络警察的。”然后家长应该考虑报警，并提供被害的口供和证据。这都是家长为了保护孩子，而应当采取的正确行为。

但是，有一些校园冷暴力，尚未达到犯罪的程度，只是同学间的嘲讽或者排挤。当您的孩子遇到冷暴力型的欺负，妈妈所做的应该不仅仅是亲自出面来干预或者解决问题。如果觉得自己的孩子被欺负了“很可怜”那么家长与其在孩子被欺负之后来解决问题，倒不如培养孩子避免此类问题发生的能力。我认为家长最需要做的是培养孩子，让孩子在将来拥有即使遭遇冷暴力，也有独立解决问题的能力。

妈妈要教给孩子：如果遭遇到校园暴力一定要告诉父母，如果遭遇了校园暴力可以向谁寻求帮助，如果被同学讥笑嘲讽应该如何应对，对那些欺负人的人最好的报复是在学习上超过他们，等等。我认为家长需要做的，就是培养一个不怕问题、遇到问题能解决的孩子。

但是令人遗憾的是，即使孩子长大成人、步入社会了，仍有可能会在职场上遇到类似职场暴力的情况。所以孩子也需要锻炼能够忍耐嘲讽、忍受排挤的能力。

当孩子遭遇到校园暴力时，一定要和妈妈及时沟通，所以家长要养成每天陪孩子聊天的习惯，让孩子讲一讲每天在学校里发生的事情，以便及时了解情况。可能妈妈和孩子平时聊天很寻常，但是当孩子真正遭受校园暴力时，其实是很难对父母开口的。

如果妈妈能每天和孩子聊一聊在学校发生的事情，那么当真有状况发生时，孩子可能会支支吾吾的难以开口。这个时候妈妈就应该及时观察到孩子的异样，关切的询问“今天在学校是不是出什么情况了?”这样孩子就会告诉家长，今天在学校里和同学吵架了，或者被人恶作剧了，或者被人戏弄了之类的情况。

当孩子已经处于高年级了，如果妈妈忽然开始追问每天的事情，可能孩子会比较难以接受。所以家长应该从孩子上小学低年级开始，就养成每天聊聊天的习惯，让孩子说一说一天里发生的事情。这样孩子更容易接受。

【小学四年级至六年级】以中考合格为目标

这个时期聪明的孩子更要注意

有些天资聪明的孩子，在上小学二三年级之前几乎不用学习，也能比其他的同学考试成绩好很多。对于聪明的孩子来说，教科书的内容看一看就立刻理解了，老师上课所教授的知识也能立刻接受。对于这样的孩子，如果能够培养他们“我很行！学习很快乐！”的态度，让他们逐步增加学习量，就能够顺利的通过高学年的课程，达到中考合格。

但是小学四年级的课程内容是比较难的，对于这些孩子来说，他们忽然发现授课内容难以理解了，考试成绩也下滑了，就连一些平时成绩不如自己的孩子，也忽然考到自己前头去了。这样很容易打击孩子的自信心，让原本聪明的孩子开始讨厌学习，而成绩一路下滑。

在这个时期，最重要的是母亲能够及时帮助孩子渡过难关。妈妈要告诉孩子，你的成绩忽然下降是因为你学习不够刻苦造成的，如果你能够振作精神，好好学习，就一定能赢回自信的。虽然孩子可能并不能够立刻提高成绩，但只要妈妈能够督促孩子下功夫努力学习，并让学习成为一种习惯，那么对于本身头脑聪明的孩子来说，就有可能在中考中逆转取得胜利。即使中考时仍未能逆转成绩，也可以在高考时拼一拼，同样也能考入优秀的大学。

要知道拥有一个聪明的大脑是难能可贵的天赋。如果孩子不学无术，浪费了这不可多得的天赋，该是多么可惜。而聪明的孩子只要通过努力，就能比其他人取得更好的成绩，所以请一定要加油啊。请妈妈和孩子都不要拘泥于一时的分数，而要着眼于“能否让学习成为一种习惯”。

注意不要被“9 岁的门槛”绊倒

您是否也听说过“9 岁的门槛”这个说法。所谓“9 岁的门槛”，指的是孩子在九岁、十岁左右的年纪，大脑的发育会面临一个上升的平台期。也有“10岁的门槛”这种说法。

有些孩子会被9岁的门槛所绊倒，会突然出现学习停滞、成绩下降的现象。这时孩子正处于小学三四年级的时候，很多孩子的学习成绩也会因此而立显高下之分。

如果孩子顺利跨越了9岁的门槛，他的大脑抽象思维能力就会获得很大的提高。这时孩子不仅具备了对事物的抽象思维能力，也能具备概念思考能力。

比如说孩子能够理解这些词语的意思和区别：原因和结果，全体和部分，现实和想象，目的和手段，前提和结论，肯定和否定。另外孩子对于算数题目的理解能力也会增强，在得知前提条件后就能得出结论；在解答图形问题时，能够在理解全体和部分的基础上解答问题。当孩子在看语文题目时，能够理解作者的意图，并理解文章的中心思想是肯定的还是否定的；对作者想表达的观点，能够准确地进行领会。

如果孩子的大脑还没有发育到抽象思维的阶段，就很难读懂数学的应用题或图形问题，对于语文的阅读问题就更难以理解。无论是理科还是社会学的学习中，都需要学生有靠记忆来答题的背诵能力，还有理解图表的抽象思维能力。

孩子在小学三年级之前，只需要会做简单的计算题，会背九九乘法表，能写简单的汉字，就算是合格了。如果孩子的计算速度很快，掌握的汉字很多，大家就会夸他是一个“聪明的孩子”。但是很多“聪明的孩子”在上小学四年级以后，有可能对应用题和阅读题的理解有困难，因而学习成绩会下滑。

其实背诵能力和计算能力是可以通过大量的练习而提高的。如果进行了大量的计算练习，那么计算速度会提高；如果进行了大量的汉字练习，那么大多数的孩子都能掌握汉字。但是，小学四年级以后的学习不再仅仅是以背诵和计算为主了，考试也不仅仅只需有个好脑子和好笔头就能考出好成绩的。所以，如果妈妈想让孩子适应这样的学习和考试，适应社会的发展要求，就要帮助孩子培养大脑的抽象思维能力。

当孩子达到 9 岁的年龄，同班同学生日排在先后的区别就显现出来了。那些 9 月至 11 月出生的孩子，在小学四年级的暑假前已经 10 岁了，他们就能轻易地跨过“9 岁的门槛”，熟练掌握抽象思维能力，对于应用题和阅读题的理解就很顺畅。而6月到8月出生的孩子，他们在小学四年级时才刚刚9岁，抽象思维能力还不是很强，就有可能出现学习吃力，跟不上其他同学的情况。

当然孩子的发展也是有个体差异的。尤其在孩提时期，可能个体的差异会很大，有的孩子可能七八岁的时候就具备了抽象思维能力，而有的孩子可能都十几岁了，但是抽象思维能力还是不强。这都是可能的。

退一步讲，如果孩子的大脑的发育阶段尚未达到抽象思维的水平，就很可能出现由于不能理解文字题目而考试失利的情况。所以如果您家的孩子正处于小学四年级，就请妈妈要密切地关注孩子，了解孩子在解答算数应用题和图形问题时是否有困难。

孩子们在小学四年级时就要开始为中考进行准备了，所以妈妈应该关注孩子的抽象思维发展不同阶段，来判断是否要开始为应试做准备了。

有些孩子可能抽象思维能力还没有发展好，学习成绩有所落后。如果妈妈忽略这个因素让孩子参加针对中考的补习班的话，那么孩子很可能学习跟不上，自信心受到打击，而出现厌学的情绪。

在中考的考题中，经常出现以下形式的考题：在的地理考试中，需要孩子有理解图表意义的能力，这就要求孩子有很高的读解能力；在数学考试中，也需要读懂应用题，并且有利用数学公式、图形以及表格来解题的能力。在解答图形问题时，能够考虑借助辅助线，这就要求大脑的逻辑思维能力很强。

在孩子的大脑还没有发展到能够理解这些问题的阶段时，妈妈如果让孩子去补习班可能会产生反效果。妈妈让孩子在什么时候去应试的补习班最好，要根据每个孩子的差异来定。有的孩子小学四年级去补习班也可以，有的孩子五年级去也可以。还有的孩子，可能发育稍微落后一点，六年级的时候才开始进行应试的补习，也并不晚。

家长要注意到的是，我们的目的不仅是中考合格，而是高考合格，最终让孩子进入一所优秀的大学（当然这其中有个先后顺序）。所以家长不用急于孩子有一年或者两年的差距，要根据孩子的大脑发育情况，来决定适用的措施。

被“9 岁的门槛”绊倒的孩子，要多练习背诵

对于被“9 岁的门槛”绊倒的孩子，有可能在学习方面比较迟钝，但也并不见得。

儿童的智力发展是有这样一个规律的，即 9 岁以下的孩子单纯的记忆能力非常强，而抽象思考能力的提升反而使记忆能力下降。9 岁以下的孩子处于记忆能力的巅峰时期，甚至比 10 岁以上的孩子记忆力都要强。9 岁以下的孩子想要背诵一些东西是毫不费劲的，他们强大的记忆能力是连大人都自叹弗如的。

所以对于被“9 岁的门槛”绊倒的孩子，可以让他们多做背诵练习。这样的话，孩子即使在做语文考试的阅读题目时因理解不了题目而失分，但是只要对于汉字的记忆深刻就能拿回分数，整个卷面的分数仍能保持较高水平。对于抽象思维能力未充分发展的四年级学生来说，妈妈不妨让他们提前学习小学六年级以前的所有汉字，并进行背诵。对于对汉字有兴趣的孩子，妈妈甚至可以让他们连中学的汉字都让他们一

并记忆。

在小学时期虽然多位数的计算练习并不多，但是妈妈可以让孩子做一些五位数、六位数的加减法，或者乘除法的练习。当孩子顺利解答出这些计算题之后，就会产生“虽然我读不懂阅读题目，但是只要做数学题，其他同学都比不过我。再难的数学题我都会做！”当孩子拥有这样的自信之后，就不会对算数产生厌烦情绪。孩子对于汉字和算数都有绝对的自信时，他的大脑发展达到了抽象思维的阶段，自然而然地就会看懂阅读题、图形题和应用题了。

对于孩子来说，最糟糕的情况是失去了自信心，认为“我不行”。如果妈妈能够帮助孩子进行记忆锻炼，让孩子知道自己即使不会回答阅读题目，但是数学非常好，这样孩子仍能保持自信，相信“我能行”。

9岁之前让孩子熟练掌握英语的一招

如前所述，在孩子的大脑未发育达到抽象思维能力时，孩子正处于记忆力的巅峰时期。我们不妨利用大脑的这个特性，让孩子进行英语的学习。语言的习得在早期教育中，是拥有压倒性优势的。

孩子能够模仿大人的对话，也能够背诵课文。基本上小学三年级的孩子就能够完全掌握日语了，交谈对话完全没有问题。妈妈要知道，语言能力的习得并不是只靠老师来教授语法和单词，而是靠孩子通过模仿大人，背诵文章而掌握。只有这样才能达到流利会话的能力。

如果我们应用同样的方法来学习英语，也可以轻松地掌握英语的会话能力。对于小学三年级的学生来说，他们的日语会话水平是怎样的，能够达到的英语会话水平就是怎样的。我们处于非英语母语的国家，那么妈妈可以参考美国小学一年级的教科书。因为无论是哪个国家小学一年级的学生，他们大脑发育水平都是一样的。美国小学一年级的学生可以读懂的内容，我们的孩子也可以理解。我们让孩子学习美国的小学一年级教科书，这样刚好符合孩子的大脑发育水平，孩子就能够顺利的学习了。

对于英语单词的发音、英语的不同口音以及英语语调的学习，最好是趁小学低年级时进行。这样从小的耳闻目染要比上中学后再背诵的效果更好，说出来的英语也会更地道。

在中学之后才开始学习英语的人，往往读起英文的文章来连外国人都听不懂。即使每个单词的发音是正确的，但是因为语音和语调不够地道，所以听起来也是怪腔怪调的。比如日语的“香蕉”发音是“八那那”，这就和英语的 banana 的音调完全不同。而孩子在听英语时，对于语音、语调非常敏感，能够迅速记忆。因为孩子在记忆的时候，是通过聆听而不是通过思考而记忆的。9 岁以内正是语言习得的最好时期，我认为这个时候让孩子多做些英语文章的背诵，能对提高英语能力起到很大帮助。

另外，有很多的英语补习班的教学方法是，让孩子背诵“apple”或者“banana”。而其实让孩子多背诵短句，比如“What are you doing?”或者背诵文章，会让孩子的会话能力提升更快。孩子也能知道在什么样的场合应该说什么样的话。

虽然现在有很多面向小学生的英语补习班，但是遗憾的是，很少有英语补习班是针对孩子大脑的特性而制定课程。如果有优秀的补习班，能够了解孩子大脑的发育规律，就能让9岁以内的孩子英语的学习更加轻松了。

如果哪个新兴的英语补习班能够使用美国的教科书，那去上课的价值就很高了。

中考是对大脑的一次训练

可能有人在地铁车厢内广告里看到过日能研①的“让正方形的大脑变成圆形”这则广告。实际上广告反应的就是中学入学考试的问题。

当孩子在参加中考的时候，看到试卷上的问题，大脑就会多向考题有关的知识集中思考。反之，即使不参加中学入学考试，让孩子做一些考题也是对大脑的一次训练。

如今在轻松教育的指导下，小学的教学结构进行了调整，课本上的知识愈发的单薄，教学内容也是稀

① 日能研：日本株式会社日能研关东是一家教育培训机构，主要面向小学生辅导中学入学考试。“让正方形的大脑变成圆形”广告如下图，意为让孩子的大脑从墨守成规的方形，变成更具有灵活性的圆形。更灵活的大脑才是孩子在未来生存的要领。

稀拉拉的。单以学校的教学内容来说，是很难达到对于孩子的大脑进行锻炼的目的的。所以对于那些不需要参加中考的孩子，妈妈不妨也让他们参加一些补习班，磨炼一下大脑也不是什么坏事。

对于没有补习班的地区，妈妈可以购买一些中考试题集或者参考书，让孩子在家里进行知识的巩固，也不失为一个好方法。

小学生的大脑是非常具有潜力的，当大脑得到充分地锻炼后，在孩子长大成人后，大脑就能发挥重要的作用。每个人在中考时所具备的基础知识，包括语文知识、社会知识、理科知识等，在他的一生当中都会发挥重要作用。

有不少的补习班采取的是填鸭式的教学法。其实所谓填鸭式的教学法并不见得是件坏事。孩子可以在补习班接受大量的知识，并努力记忆，与此同时孩子也可能对学习的内容产生兴趣，对学习充满干劲。当孩子接受了一定的填鸭式学习后，知识更加丰富，对于事物的理解能力也会提高。即使只是进行了简单的背诵，孩子也有可能提高对于学习的兴趣。

对于不适应填鸭式教学法的孩子，妈妈可以找一些其他类型的补习班，让孩子进一步的学习。

小学高学年要逐步看清孩子的文理分科取向

小学低年级的时候，语文是以文字的读写为主，数学是以计算问题为主的学习。但是在小学高年级的学习，以及面对中考的学习中，学习内容的幅度就变得更广泛了。

对于语文来说，学习的内容不仅仅是文字的意思，范围更广泛的扩展到小说、议论文、诗歌、绯句等的阅读理解，作文也要求具有更高的表现力。

而对于数学而言，内容不仅包括计算，更增加了比例问题、图形问题、推理问题、还原问题，追击问题，以及概率、集合、数列等，内容也更加的广泛。

在小学低年级，语文和算数的学习可以凭孩子自己的努力而理解，而小学高年级的学习则更难了。这个时候，妈妈也不要只看到孩子“语文成绩很差”或者“数学成绩很好”，而要具体看到孩子的语文或者数学哪里存在漏洞，哪里非常擅长。帮助孩子找出知识的漏洞，以进行弥补。

在理科和社会学的学习中，知识点的区分就更加多样了。在理科中，包含物质、吸引力、电气、磁石、热、天体、气象、地形、植物、动物、人体等，几乎包罗万象。而社会学的知识也包括历史、地理、政治等，各种各样的深奥学科都需要孩子进行学习。让一个孩子对于所有学科都熟练掌握是不可能的，每个孩子都存在知识的薄弱点。

所以妈妈要了解自己的孩子，知道孩子最擅长的是哪几门功课，最薄弱的是哪几门，这样在报考不同的中学时，才可以根据不同的入学考试内容填报不同的志愿。比如“我家孩子的背诵能力很强，所以考这所中学的分数能高些。”或者“这个孩子最擅长做算数图形题，所以考那所学校会更容易些。”这都是填报志愿的窍门。

另外，每所中学的入学考试题目都有自己的特点。所以妈妈可以买一些考试的题集，这样就能清楚区分不同学校的考题特点了。在过去的十年间，不同中学考试的侧重点都有差异。

我的两个女儿，都去了号称是日本女子学校“御三家”的两所优秀中学，其中一所中学的入学考试以问题细致著称，而另一所中学以考察思考力为主。所以说即使是同样类型的中学，也需要相应改变考试的对策。家长在填报中考志愿的时候，应该考虑到不同学校的校风是否符合孩子的特点，这样中考就会相对简单，孩子进入中学后的成长也会更好。

脑子聪明但不好好学习的孩子的共性

我们经常可以看到，有一些非常聪明的孩子，学习成绩却很一般，他们厌倦学习。像这样聪明而不学习的孩子，普遍存在三个共性：

1. 轻视学习；
2. 觉得背诵非常无聊；
3. 不具备良好的学习习惯。

在近年轻松教育思想的号召下，小学的知识内容非常单薄。在很多学习优秀的孩子中间，总有一些孩子轻视学习，他们觉得“学习什么的太简单啦”。对于这些轻视学习的孩子，有必要让他们参加一些比较难的考试，给他们“敲敲警钟”，让他们体会一下“当头棒喝”的感觉，这样才能让他们不再轻视学习。

聪明的孩子往往不喜欢背诵，所以对于需要大量记忆的科目不感兴趣，不愿意去做背诵训练。对于这种情况，妈妈要帮助孩子认识到，虽然背诵十分无趣，但是只要通过背诵就能提高考试的成绩。让孩子慢慢体会到“我背诵了，然后成绩提高了，真高兴啊！”这样的经验累积之后，孩子们就会认识到背诵也是学习的一个重要的环节。

有些聪明的孩子并不具备良好的学习习惯。家长要知道，养成学习的好习惯是非常重要的，所以有必要在早期阶段开始，就有意识帮助孩子养成爱学习的好习惯。

要想培养爱学习的习惯，首先要从擅长的科目开始。孩子因为擅长某一门科目，所以对这门功课的学习就会很感兴趣，爱学习的习惯也会在不知不觉中逐渐养成。

但是，孩子有可能只做擅长科目的学习，而不去学习不擅长的科目。所以家长在帮助孩子培养学习习惯的时候，要让孩子不仅做擅长科目的学习，也要逐渐进行不擅长科目的学习。

在做不擅长科目的学习时，即使时间很短也没问题，重要的是每天都要坚持。妈妈可以告诉孩子“就算只学习 5 分钟也可以，每天要坚持啊!”或者“十分钟也可以，你现在开始做吧!”让孩子逐渐增多不擅长科目的学习时间。让孩子养成既要学习擅长科目，也要学习不擅长科目的学习习惯。

帮助孩子善于考试

有的孩子平时在学校并没有厌学的想法，但是只要一碰到正式的考试就很难发挥正常水平，不会解答考卷上的问题。所以在面对中考的学习中，家长还要培养孩子应对考试的能力。

要培养善于考试的孩子，有三个对策：

1. 提高成绩的对策
2. 出现错误的对策
3. 考试的战术

只要坚持这三条对策，就能让孩子在正式考试中发挥正常水平，提高考试合格的比例。在高考的时候，孩子可以通过自己的努力实施这三条对策，而对于小学生的中考来说，妈妈就要替孩子先制定对策，再帮助孩子执行了。

要想试验一下应试对策的成效，我们不妨利用模拟考试。因为模拟考试与正式考试的各要素都非常接近，因此妈妈只要看到模拟考试的结果，就能知道自己的孩子到底是哪方面的知识出现漏洞而导致失分的。妈妈要帮助孩子分析考题，并我到解决的方法，这样就能培养出擅长考试的孩子。

当孩子的模拟考试成绩比平时成绩低的时候，妈妈可以问问孩子："为什么解答不出来呢？是不是紧张了？"如果孩子确实是因为考试时紧张导致发挥失常，那么妈妈就有必要采取一定的对策进行推进。

如果孩子在模拟考试中，简单的问题出现了失误，那么就要采取针对失误的对策。另外，如果孩子在规定的考试时间之内没有全部答完考题，妈妈就有必要采取应对考试的战术来。

不过，妈妈和孩子如果都过于看重模拟考试的成绩的话，那就未免失去了模考的意义。无论您是看重模拟考试的成绩，还是反之认为"不必在意分数"，都要为了以后正式考试，而有效的利用模拟考试。最重

书山有路勤为径。

要的是孩子能够在中考中发挥出水平，取得好成绩。

如果是面临中考，那么考生只需要在小学六年级毕业前获得善于考试的能力就可以了。我们不必过分在意其间或起或落的过程，只需要把那些成绩的起伏看成是“为了发现知识漏洞的过程”。在小学六年级毕业考试之前，无论模拟考试的成绩是好是坏都无所谓，只要找到知识的漏洞就够了。只要我们能够在正式考试之前发现问题，并且解决问题，就能进步。

我们可以把这种做法延伸到高考，也就是说“孩子只要在 18 岁之前，通过努力达到高考合格的能力就可以了。”到高考的前一天为止，只要孩子能够增强实力，并且能够在考试中充分发挥实力，那么就能够顺利的通过高考，进入理想的大学。

为求上进，可以送给孩子“希望符”

对于应试能力强的孩子，我们也可以培养孩子拥有“一定会考试合格”的自信。对于单纯的小学生来说，具有神奇魔力的“希望符”十分有效。妈妈可以带着孩子一起去参观据说很灵验的神社庙宇，并给孩子请一个“希望符”。妈妈同时可以告诉孩子“只要你努力学习，神佛一定会保佑你，愿望一定会实现的。”以及“请相信希望符一定会帮助你成功的。”然后将希望符郑重其事地交给孩子。

当然，只把希望符交给孩子是不够的，妈妈一定要说：“只要你好好学习，神佛一定会帮助你实现愿望的。”这样就能把孩子向学习的方向进行引导，将努力学习和实现愿望结合起来。

另外，如果妈妈在考试当日做一些特别的举动的话，有可能会让孩子感觉有压力。所以考试当天妈妈要如往常一样，让孩子在同样的时间早睡，在同样的时间早起，如往常一样吃早饭。这样当孩子去参加考试时，也会如往常一样发挥正常。

如果考试当天需要很早起床的话，那么妈妈就要在几天之前更改孩子的作息时间，提前让孩子适应提早起床。

即使如此，有的孩子在真正的考试前夜也会出现紧张或者兴奋过度而导致辗转难眠的情况。我们要知道，即使一个人一整天都不休息，也是同样能够发挥出自身的能力的。如果孩子在考试当天早上说：“我昨天晚上一夜没睡。”妈妈可以告诉他：“人啊就算一整天都没睡也没关系的。有时候越是睡眠不足，越能发挥出色呢。”这样既能让孩子安心，也能鼓励孩子放轻松。

妈妈还可以安慰孩子：“我估计其他的孩子可能也都睡不好呢。所以大家都一样，不用担心啦。”

妈妈要来制定考试的战术

我们经常能够听到有考试经验的人说这样的话：“在正式考试的时候，不要一拿到考卷就立刻动笔。最好拿到考卷后，先从头到尾大致看一下，然后从最擅长的问题开始答题。”

从会做的题目开始解答试卷，这是考试的铁律。我们都要知道，填写考卷的顺序并不是从第一道题目开始，因为如果恰巧碰到前面的试题不会解答，就很容易消耗很多宝贵的时间。等答到后面，碰到擅长的题目时，却可能因为时间不够而没法答题，这样考试的分数就不高。

另外，如果解答试卷时一开始就碰到一个棘手的难题，考生很容易产生焦躁的心态，到后面有可能连平时擅长的题目也回答不上来了。

为了不让考生在考试时产生焦躁的情绪，最好的方法就是先从简单的问题开始解答，然后当考生逐渐进入考试状态之后，就连比较难的考题也有可能顺理成章的解答出来。

在这里要注意到，前文中提到的“简单的问题”可能对于不同的孩子情况也不同。有的孩子非常善于心算，那么计算题对于他来说就是简单的问题，先从计算题开始做试卷会比较轻松。但是有的孩子可能心算比较慢，而更善于解答图形题目，那么他也应该按照自己的节奏做试卷，先从图形题目着手会更有效率。

在解答语文和社会知识的试卷时，一般考生都比较擅长汉字和知识性问题，做起考卷十分顺畅。而有的孩子可能更擅长做阅读题。在这种情况下，就应该让他先做后面的阅读题，争取拿到分数，“最后剩下10 分钟的时候，如果其他的试题答不上来，那就回到试卷最开始的地方做汉字题。”应用这样的战术就可以在有限的考试时间内，拿到最多的分数。

因为每一个孩子的兴趣侧重点不同，能力的强弱也不同，所以妈妈的工作就是认真观察孩子，了解孩子的擅长之处和薄弱之处。妈妈应该了解自己的孩子对于数学、语文、社会学以及理科等各个科目，哪一项最擅长，哪一项解答起来最花时间。在了解了孩子的能力之后，妈妈就应该认真考虑，再制定针对不同考试的战术了。

如果从应试战术角度来说，应用不同的考试战术，最后获得的结果也有所不同。对于各种考试来说，并不见得“拥有聪明的头脑”就能取得好成绩，而“是否懂得应试的方法”才直接影响考试结果。所以请妈妈们制定好应试的战术，让孩子们在考场上运用吧。利用这样的方法，以后孩子面临高考的时候，也将大大获益。

妈妈要来思考孩子常出错的原因

如果一个有实力的孩子，在每次正式考试时都发挥失利，这往往是因为在解题时出现失误造成的。

人在紧张的时候，经常会犯不应该犯的错。但是每次出错并不一定是偶然的，有些错误往往有共性。

小学生很难分析自己为什么出错，所以这个时候妈妈就要站出来，帮助孩子分析答题时经常会出怎样的错误。

在数学题中经常出错的是递增或者递减的计算错误，出错的原因是没看清问题中的条件。这时妈妈就要注意观察孩子在模拟考试和平时学习过程中的表现，找出孩子的弱点。

除此以外，为了减少以后考试中出错的比例，妈妈就要让孩子多进行递增或者递减的计算练习，并且指导孩子：“在读题目的时候要认真仔细，要用笔在重要的文字下面画线做记号。”通过这样做，妈妈能够帮助孩子找出应对失误的办法。

但是请妈妈记住，不要因为孩子的失误而责备孩子。因为即使你对孩子嚷嚷：“你怎么不好好看题啊!”也不会使考卷上的错误消失。因为只要是人，就一定会犯错！所以妈妈可以说：“既然已经出错了，那就没办法了。但是咱们要吸取教训，不要反复出同样的错误。”这样孩子就能知道，出错并不是一件坏事，而同样的错误出两次就不应该了。妈妈要帮助孩子多进行练习，减少出同样错误的概率。

如果妈妈帮助孩子发现出错的原因，就能提前做好对策，减少以后再出错的情况。

中考考题对于成人来说实际很简单

中考的题目看起来似乎很难。比如说有时候电视节目中会给嘉宾们出一些问题，碰到一些中考题目时，嘉宾们总是摆出一副愁眉苦脸的样子，似乎问题非常棘手，难以解答。而看电视节目的爸爸妈妈可能也一时解答不出来。

但是，即使问题看起来很难，我们只要知道了正确的解题思路就能够把问题解答出来。那些电视里的嘉宾们在看到正确答案时，总会恍然大悟一般地说："原来是这样！原来这么解题就可以啦！"所以说，即使题面看起来扑朔迷离的，但是当知晓解题思路之后，这些中考题目对于成年人来说是很简单的。只要知道了解题方法之后，没有一个成年人还会觉得中考题目"好难啊！我不会啊"！

其实作为小学生的妈妈是有一个特权的，就是你们可以先看正确答案。请各位妈妈不要想着"我要陪孩子一起解答问题”，而是请大家先看一下参考书里的正确答案。作为小学生的妈妈，坐下来费脑子解题是一点意义也没有的。妈妈的头脑要用来思考“我该怎么样指导孩子理解这道问题”以及“我该怎样帮助孩子解答出试题”，这样才更有效率。

所以妈妈应该做的是，在孩子努力思考解题的时候，先翻看一下答案的说明，然后思考如何给孩子讲明解题思路。这样才是聪明妈妈的做法。

妈妈是不参加考试的，所以妈妈不应该和孩子站在同样的立场上思考问题。妈妈应该以高于孩子的视角，思考如何帮助孩子理解问题，解答问题。

如果实在解答不出，可以参考正确答案

在学习中一直反复纠缠理解不了的问题，是最浪费时间的做法。如果考生看到较难的试题时，因为解答不上来于是反复思考，甚至在一道题上纠结 10 分钟、20 分钟的话，就是对时间最大的浪费了。

虽然反复思考难题算是一种对大脑的训练，但是如果孩子一直用这种方法学习的话，我估计他也很难

考上理想的学校。

如果一道题反复思考 5 分钟、10 分钟还解答不出来，那么花 20 分钟、30 分钟其实还是解答不出来的。解不出的原因可能是由于考生对相应的基础知识掌握的还不够牢靠，也有可能是对此类型题目的解题思路还不能掌握，或者还有其他的原因。但是如果因为不掌握相应知识的话，再花上几十分钟思考，知识也不会自己跑到你的大脑里。

所以妈妈就要注意，孩子解一道题平均花 3 分钟或者 5 分钟。如果孩子在规定的时间内没有想出解题的方法，妈妈就可以指导孩子参考后面的正确答案。

正确的学习方法，并不是让孩子自己纠结半天解答一道难题。孩子应该理解题目的含义，参考答案了解解题思路，并在正式考试前熟练掌握解题方法。这样才能提高考试的成绩。我们与其让孩子花 30 分钟殚精竭虑的为题目发愁，倒不如思考 3 分钟后翻看答案，让孩子理解正确的解题思路。这样以后孩子再碰到类似的题目时，就不用再浪费 30 分钟，而可以利用这 30 分钟解答三五道试题了。当孩子利用了 30 分钟，反复练习了这类的难题之后，就能充分掌握解题思路了。在正式考试时如果遇到同类型的试题，孩子也可以只花三五分钟，就能顺利的解题。但是妈妈也要注意，不能让孩子一碰到难题就立刻看答案。尤其是在孩子写课后作业的时候，如果什么问题都照抄答案，就不能达到掌握知识的目的了。

这才是高效的学习方法。让孩子浪费 30 分钟还是有效率的利用 30 分钟，这个决定权都控制在妈妈的手中。

可以让孩子多做他擅长的科目

孩子的学习状态非常重要。当孩子状态好的时候，他干劲十足，学业也会进步。妈妈想帮助孩子进入良好的学习状态的话，强迫孩子学习他不擅长的科目可能适得其反，聪明的妈妈会让孩子先做感兴趣的科目。

当孩子学习自己感兴趣的科目时会觉得很愉悦，不会轻易放下学习去干别的事情。对于喜欢数学和理科的孩子，当他们解答出一道数学或者物理题时，会有一种赢了比赛的感觉。这样良性循环，孩子越学习就越爱学习。而热衷社会学的孩子也会因为兴趣所在，对问题进行深入的调查研究。

当孩子进行了喜爱的科目的学习后，相应的成绩也会提高，在正式考试中他所喜爱的科目的得分也会增多。

中考是看重总成绩的，所以当孩子喜爱的科目得分很高时，即使不擅长的科目分数偏低，总成绩也会很高。家长让孩子通过学习自己喜爱的科目，而进入良好的学习状态，再在考试中拿到好成绩，这是一个有效的应试方法。

比如说，如果中考时考三门功课，总分 300 分而及格线是 210 分。如果孩子很擅长其中的两门功课，在考试中各得了 90 分，而剩余一科只考了 20 分，这样加起来总分只有 200 分，还是没有合格。

当孩子意识到只差 10 分就能合格了，虽然觉得“那门功课没意思，不想学”，但是当孩子另两门都拿到 180 分的高分，而只差一点点就合格了，他会觉得很可惜，觉得再努力一点点就行了。这个时候孩子自己就会知道努力，争取提高薄弱的科目成绩了。

我在上小学的时候，非常擅长数学和理科，但是语文很薄弱。一直以来考试都是数学和理科能拿高分，而语文成绩很落后。我的这种状态持续了很久，语文成绩一直在拖后腿。虽然我的数学和理科成绩比其他同学高很多，但是因为语文不好，总分一直比同学低，排名也落在后面。我那时候为这件事很懊恼，于是奋发图强，努力学习语文，最后成绩提高上来了。

孩子如果存在偏科，有一两门的成绩很优秀，他们就会更上进更好强，想着“只要我克服了不擅长的科目，就能成绩更好了。”只要孩子有了这样的觉悟，就会努力去学习薄弱的科目，这样总分就一定能提高了。

数学好的孩子往往轻视背诵

在孩子做中考数学题目的过程中，常常有灵机一动解开难题的情况。当孩子在解题过程中忽然灵光闪现，一下解决了难题时会有一种成就感，也有孩子会因此喜欢上数学。这也是学习过程中的一件乐事。

但是往往能解数学难题的孩子，认为数学的思考问题以及难题才是高尚的学问，他们有时会轻视汉字以及历史年代之类的简单记忆型知识。还有的孩子可能受到了大人的影响，认为在这个世界上“只靠死记硬背式的教育是没用的，人的创造能力才是最重要的！”

无论是头脑多么聪明的数学家和科学家，如果只会写片假名而不会写汉字，就显得像傻瓜一样；如果买东西连零钱也算不清，也会招人耻笑。虽然我承认人的创造能力和思考能力非常重要，但是也一定要通过背诵而具备一定的汉字水平。否则无论一个人的计算能力有多高，都是很难在社会上生存的。

如果孩子不愿意死记硬背，那肯定不愿意学习汉字、历史、地理等知识了。但是，如果孩子只做自己想做的事，而不做自己不喜欢的事的话，将来总有一天会吃亏的。一个学生如果不学习不擅长的科目，那么往近处说考试就会失利；往远处说，将来找工作的时候也会因为缺乏这方面基础知识，最后可能连好工作也找不到。

当孩子长大成人，走向社会时，更不能任性地

“不做不喜欢的事情”。在工作岗位，上司可能会交付给他一桩桩他并不喜欢的工作，这个时候他没法逃避只能硬着头皮去做。那些遇到不喜欢的科目就想逃避的孩子，将来走向社会时就很容易遭遇挫折。

我其实很理解孩子，大家其实都不喜欢学不擅长的科目，但是我们还是要付出最低限度的努力。对于那些精通数学而厌倦背诵的孩子，妈妈要让他们“勤奋读书”，也就是让他们多做一些背诵练习。聪明的妈妈会在孩子意识到“讨厌背诵”之前，就让孩子多做背诵练习。

如果孩子能够顺利地进行背诵练习，不仅背诵了语言文字，还记忆了理科及社会学的知识。这样在孩子上中学之后，也能够顺利的学习英语。

社会学和英语都是能够通过努力地背诵而提高考试成绩的科目。如果孩子本身数学能力就很强的话，如果社会学和英语成绩也不错，那么考上东京大学的概率也就很高了。

可以给好胜心强的孩子找一个学习上的对手

有一种说法是，如果孩子有一个竞争对手就会更加好强上进。不过不同性格的孩子可能情况不同。对于好胜心强的孩子，如果让他面对一个学习上的对手，他就会产生“一定不能输”的念头，为了战胜对手而努力学习，成绩也会因此而提高。

我在上滩高中学的时候有一个同学，虽然他自己的成绩只处于中游，但他的心里一直以年级第一的同学为对手。我听说这个同学经常以中午饭为赌注，和年级第一比拼成绩，如果输了就给对方买午饭。

其他的同学都觉得这个人“简直是输定了，根本没有胜算”。恐怕他在高中的三年间一次也赢不了对手。但是他虽然每次都输，每次都请年级第一吃午饭，但是他还是一次又一次的挑战对手，继续拼成绩。

最后这位同学，居然就一鼓作气考上了东京大学的理科。真是了不起啊！他屡战屡败，屡败屡战，在向年级第一进行挑战中，提高了自身的水平，最后成功地考取了东京大学理科。

对于那些不服输，好胜心强的孩子，妈妈可以给他找一个学习优秀的同学作为对手，在考试中可以试着挑战自己，争取超越对手。这样也是提高成绩的好方法。

但是在一般的情况下，如果挑了一个出色的对手又屡次失败，孩子可能会觉得“我太弱了，比不上别人。”要是在学习竞赛中伤害了孩子的自尊心，就可能打击到孩子学习的积极性了。

妈妈在帮孩子挑选学习对手时，要挑和自己孩子水平相当，但成绩稍好的同学。这样孩子只要努力一下就能追赶上对手了。如果真有这样一个对手，两个孩子还能互相交流、互相切磋，达到互帮互助，共同进步的目的。

如果妈妈一时找不到一个合适的学习对手，那么可以在上补习班时按分班情况确定。有的补习班是按成绩分班的，以保证同样水平的孩子能在一起进行学习。这个时候妈妈就可以让孩子根据班级的情况来选择学习对手。可能有成绩高的学生的课堂里，能作为对手的人很多；而成绩低的班级里，孩子就更要向班里成绩第一的同学学习，并以他为榜样努力学习，争取进入更好的班级。

如果中考后只进入第三志愿的学校，孩子在中学里会觉得自己不如身边其他同学成绩好，因此会失去自信。而当第一志愿落榜而进入第二志愿中学时，孩子反而变成了学校里成绩最好的学生，成了其他同学努力追逐的榜样。这时在和其他学习对手竞争的气氛中，更可以互相学习，更能促进学业进步。

“好好学习了可是成绩没提高的孩子”最终一定会提高成绩的

向我咨询考试经验、希望提高成绩的有这么两类学生，一类是“好好学习，可是成绩没提高的孩子”，另一类是“不好好学习，成绩也不好的孩子”。我总是会选择前者来进行指导。

可能别人会觉得，如果孩子“好好学习了，但成绩没提高”，那么再学也很难提高成绩；而如果孩子“不好好学习，成绩也不好”，那么只要孩子好好学习了，成绩肯定就能提高。但是想让不学习的孩子踏实下来开始学习并不是一件容易事。我认为孩子并不见得听了我的话，就能立刻坐下来认真读书。

在这些不学习的孩子当中，有的孩子认为“我只要肯做就能行”，但这样的孩子往往真的做了却不能成功。这些孩子正因为害怕面对失败而逃避学习。即使有些孩子的潜力很大，但如果不学习的话这些潜力是永远也不会发挥出来的。

对于“好好学习，可是成绩没提高的孩子”来说，只要他们再稍微改进一些方法，就能够发挥自己的聪明才能了。虽然他们一直努力但是还没有达到理想的成绩，但是能够坚持不懈学习的态度是值得肯定的。

正如我前文所述，了解一些考试的技巧和方法会大大提高通过考试的概率。对于又努力学习又具备才能的孩子来说，只要稍微改变一下学习的方法，了解一些考试的技巧，那么学习成绩会有突飞猛进的进展。这些孩子仅仅是改变一下考试的方法，那么以往的刻苦学习将得到好的回报。我们都是可以通过改进方法，通过刻苦努力而收获成果的。

在日本的白领阶层中，常常有人在遇到力所不及的工作时，只会埋头苦干，试图通过自身的努力而完成工作。这样的人有可能会被评判为“业绩不好”而被公司辞退。而实际上这些人才是公司最应该重视的职员。

日本是由每一个努力工作的人所支撑起来的国家，我们也需要培养更多能够努力工作的下一代。所以学校和妈妈应该在孩子还小时，就让他们了解努力工作是多么重要的事情。

最近因拿低保、领救济而遭人非议的现象越来越多。我想这也可能是由于在日本人心目中“人一定要努力”的价值观是根深蒂固的。为了在这样的社会上生存下去，妈妈就有必要让孩子们记住一定要努力上进。

因为虚荣而让孩子上名字漂亮的补习班

有些妈妈愿意让孩子在小学的时候去上名字漂亮的补习班，但是如果孩子以后没考上大学，名字再漂亮的补习班也没有用。妈妈觉得让孩子去东京大学补习班，京都大学补习班了，就好像一定能考上东京大学或者京都大学了似的，其实根本不是那么回事。

中学也是同样的情况。即使上了开成中学和滩中这样的重点中学，但考不上东京大学的孩子也有不少。妈妈不要有只要上了重点中学就一定能上东京大学这样的错觉。妈妈不要因为孩子上哪所名牌中学而感到虚荣。同理，补习班叫什么名字也没用。没有人会在自己的履历表里写上小学时曾上东京大学补习班。所以补习班叫什么名字都无所谓，名字再高端大气上档次也没用，即使补习班叫斯坦福、哈佛也无济于事。妈妈要考虑的是“什么是最适合孩子的，什么是对孩子最好的”，再来考虑如何选择补习班。

有些补习班常常打出这样的广告词：“参加本补习班的学生，考入开成中学多少人，筑波大学附属驹场中学多少人，麻布中学多少人，女子学院多少人”或者关西的补习班会说本校“考入滩中多少人，神户女学院多少人”。补习班这样的做法是为了招揽生源。曾经参加这些补习班而考入这些名牌重点中学的人越多，交费报名补习班的学生也就越多。

其实在每所补习班里，都有高级班和普通班。那些普通班的学生是补习班经营不可缺少的资源。补习班广告的目的就是让这些孩子产生一种错觉，觉得“我要是上这个补习班，也有可能上重点中学”。但是妈妈们不要被这样的宣传口号所蒙蔽。如果以补习班经营者的角度来看的话，这些宣传口号就很容易理解了。每个补习班都有一些优秀的学生，他们在高级班能够考入重点中学，这些资优生作为补习班的广告塔一样吸引其他学生报名。而普通班的学生就是维持补习班经营，供补习班老板赚钱的资源了。

所以妈妈在帮助孩子选择不同补习班时，不要考虑补习班的名字，而是要考虑“我家的孩子是否适合这个补习班的教程”，以及“我家的孩子是否适合这个补习班老师的教学方式。”

现在社会上有各式各样的补习班、预备校。一般就应试高考来说，预备校的师资要比补习班的好很多。因为预备校比起补习班来说，班级里学生更多，规模更大，老师的薪金也更高。所以很多优秀的教师，有魅力的教师往往会选择薪金高的预备校。

预备校对于老师的要求也很严格，如果某位教师没有人气就很快会被辞退。所以优秀的老师也会根据自己的能力，选择预备校任教。换个角度说，普通的补习班里，能拿高薪金的好老师也不多。

对于补习班来说，校长在办学之初为了招收生源，会尽力招聘优秀教师，帮助学生提高成绩。而当补习班的名声打出去之后，就会为了赚钱而开第二分校、第三分校。当各个分校再招聘老师时，往往优秀的师资不足，招聘老师的标准就会降低，师资的素质也会随之降低。所以有的时候，补习班越有名，优秀师资的比率反而越低。

因此请各位妈妈不要对知名的补习班和补习班里老师的能力抱有过度的期待。对于小学的学生，妈妈是完全可以自己指导孩子学习的。请各位妈妈不要依赖补习班的老师，而要像爱迪生的妈妈一样，针对自己孩子的特点，帮助孩子学习吧。

考试是信息的战争

考生能否顺利通过中考和高考，“是否掌握考试的方法”至关重要。如果我们形象的形容一下考试，实际上考试就是一场“信息的战争”。

考生根据自己的情况，选择适合的教学参考书实际上是信息战的一部分。我自己经营的通信教育对考生有一个初始水平测试。根据测试的结果，就可以判断出每一位学员的能力特点，然后就可以根据每个人的特点来推荐最适合的参考书。可能现在书店里主要的教学参考书有100多种，我们请东京大学的在校生帮助每一位学员，选择最适合他的那本参考书，再将那本书的学习方法用一张纸概括起来。仅仅用这种方法，就可以使每位学员的学习效率大大提高。

选择合适的中考补习班也是信息战的一部分。妈妈要研究每所补习班的情况，再让孩子去最适合他的补习班。这个时候，妈妈不仅要调查知名补习班的情况，还要调查其他补习班的信息，为孩子选择最适合他的补习班。

我认为那些不注重打基础，而只注重教学进度的补习班并不是最好的选择。而有些补习班注重打基础，让学生深入理解课堂的知识。可能孩子上这样的补习班并不会直接对中考产生影响，但是远期看，当孩子高考时，由于基础知识打得牢会对提高高考成绩有益。妈妈要记住，中考只是一个中间阶段，而高考成功才是我们的目标。所以大家在选择补习班时应该不只看补习班以往的业绩，而是要看是否能够真正教会孩子知识。

填报志愿学校也是信息战的一部分。妈妈要记住，收集名牌重点中学的信息并不见得就能用得上。大家不要只想着“要是运气好就能上开成中学啦”，或者“要是运气好就能上滩中啦”，而应该更实事求是的分析情况。

大家也知道，即使上了开成中学、筑驹中学或滩中学校，也不见得都能考上东京大学。孩子不可能靠运气就上东京大学，当然，孩子更不可能靠运气就进入一流大学。

与其靠运气上了开成中学，倒不如更脚踏实地的进海城中学或者巢鸭中学的重点班，那样考取东京大学的合格率会更高些。因此各位妈妈要收集各个中学的信息，这样才能更有效率，也更利于孩子最终考上东京大学。

妈妈要收集第一志愿以外学校的信息

每一位妈妈都会努力收集孩子第一志愿中学的信息，但也有很多妈妈仅关注第一志愿，而完全不在意其他学校的情况。虽然让孩子努力学习，一门心思考上第一志愿的中学并没有错，但是妈妈不应该和孩子一样，只思考眼前的事情。

如果孩子能顺利考上第一志愿的中学自然是好事，但是也有可能第一志愿落榜，而进入第二志愿的学校。所以妈妈要深思熟虑，考虑好发生这样情况的处理方法。

比如说，第一志愿一般是重点中学，而重点中学的数量是有限的，因此选择起来相对容易。而第二志愿一般是中等普通中学，中等普通中学的数量要比重点中学多很多了。如果第一志愿、第二志愿都落榜了，而掉入第三志愿，那么可供选择的一般普通中学非常多。在这么多的一般普通中学中选择一个出来，就要靠妈妈收集信息的能力了。

有很多妈妈只对孩子第一志愿的中学的信息了如指掌，但却很少关注第三志愿的一般普通中学。因为志愿学校的选择是关系到孩子未来的，所以我建议各位妈妈不要只关注自己期望孩子上的重点中学，也要着眼于现实情况，多收集些情报。

有些妈妈可能认为，要是孩子第一志愿、第二志愿都落榜了，“那就不会考上东京大学了”，其实这样的想法是完全没必要的。因为也有考生能从一般普通中学考入东京大学，所以妈妈们更有必要好好研究，多多收集资料了。

日本的森上研究所是一所专门研究中考的机构，其创始人森上展安[①]先生自己本身就是从一般普通中学毕业的。他经过六年中学的努力学习，提高了自身的水平，最终考入了一所看似遥不可及的重点大学。所以如果孩子进入一所普通中学，妈妈更要好好调查一下，该考哪所大学合适呢。

其实无论孩子在中考后是上第一志愿的学校，还是落入第二志愿的学校，妈妈和孩子都不必担心。我们只需要制定战略战术，让孩子经过六年的中学学习，最终考取东京大学或者医科大学就可以了。还有六年的时间呢，孩子再进步的可能性很大。而这种逆转，就要靠妈妈的信息收集能力和分析能力来实现了。

---

① 森上展安，教育评论家，森上教育研究所所长，日本私立中、高学校教育研究专家，经常开班讲座、咨询。主要著作《选择人气中学的方法》《10 岁的选择，中考教育论》等。

就算中考不如意，也没有关系

有的妈妈和孩子，一旦经历了中考失败，就深受打击，从此愁眉不展，一蹶不振。我要说，其实她们根本不必如此消极悲观。

要知道，对于已经结束了的中考成绩，我们完全不用在意。

从我自身的经历来说，当我考上重点的滩中学校后一下就放松了自己，因此初一的成绩一落千丈。而在同样考入重点中学的学生里，有很多孩子都是这样，认为自己上了重点学校了就可以高枕无忧了。其实在普通中学的学生要是想在学习上赶超他们，是非常容易的。

为什么我会这么说呢，因为小学和中学的学习内容，其实是没有连续性的。

这其实也是日本教育系统的一个问题，即小学的教学内容和中学的教学内容，并不是一脉相承的。而初中和高中的教学内容则具有很强的连续性。

大家普遍认为初高中一贯制的中学比较好，正是因为初高中教学内容的连续性。有很多东京大学的学生都是来自初高中一贯制中学的。在这样的一贯制中学中，往往在初一学年的时候，老师就赶着教完了中学三年的全部课程。在其他一些私立初高中一贯制中学里，基本上也在初二学年时，就一股脑教完了中学的全部课程。由于轻松教育的方针，公立中学的初中教学内容是很松散的，因此三年的课程在一年内教完是完全可能的。

由于初中的教学内容比较稀疏，而升入高中后的教学时间有限，所以为了给学生留出充分备战高考的时间，很多初高中一贯制学校会进行教学内容的调整。老师会在初中一年级的时候就冲刺式教完所有初一到初三的内容；再利用初二、初三和高一、高二学年一共 4 年的时间，轻松地学完高中三年的全部课程；最后利用高三的最后一年进行高考备战。为了达到更高的升学比率和重点大学的考取比率，一贯制学校调整了教学时间和内容。也正是因此，初高中一贯制的学校和普通的公立学校相比，在高考时更具优势，考上东京大学的学生也会更多。

但是，小学和中学的教学内容并不这样具有连续性。

以英语学科为例。有很多孩子在小学的时候并不能够踏实学习，而当他们上了中学时，忽然醒悟开始发奋读书。对于英语来说，考上重点中学的学生和其他学生的起点其实都是一样的。我甚至可以说，没参加中考的孩子和他们的起点也是一样的。

只要孩子从初中一年级开始就努力学习英语，就能超过那些上了重点中学而松懈的学生，比他们的英语成绩更好。无论是东京大学还是医科专业的英语考试，对所有考生都是一视同仁的，并不会因为考生来自重点中学就加分，来自普通中学就减分。所以最终高考的英语成绩，其实从初一开始就可以决一胜负了。

对于算数来说，由于教学内容完全改变了，小学里的“算数”在中学后就改名叫“数学”了。中学里要学习方程式，并利用方程式解答各种各样的应用题。在中考的试卷上是没有方程式的，所以中学的教学内容里，充满了新知识新能力，只要学生能够刻苦学习反复练习，就能掌握新知识新能力，最后取得中学里的考试胜利。

有很多孩子在小学时曾苦于应对中考里的图形问题，但只要上了中学之后，努力学习方程式的知识和矢量的知识，就可不必再在意曾经苦恼的图形问题。图形问题变化为矢量问题的形式，通过式的方法就有可能解答。学生可以通过不同的方法解答图形问题，而图形也变换了运算方式。正是由于中学数学与小学时期完全不同，孩子可以利用更多手段方法，更灵活的解答图形问题了。

小学的教学内容和中学的教学内容是不连贯的，因此孩子只要从初中一年级开始努力学习，就一点也不晚。

另外，还有一个重要的时间段是中考之后的假期。在孩子小学毕业到上初中之前有一个长假，如果能抓紧这个长假刻苦学习，那么可以说这个假期的学习能够左右整个初中高中六年的学习结果。

如果您的孩子没有考入第一志愿的中学，那么请您趁着这个长假，让孩子抓紧时间好好学习吧。

对于考取了第一志愿中学的孩子，很多妈妈都会说：“等你上中学之后就要开始坚持不断地学习了，所以现在趁着假期好好玩一下吧。”所以初中前的这个假期很多妈妈会特别放纵孩子，由着他们肆意玩耍。而这正是别人赶超的机会。

要知道当人努力的时候，一旦松了劲儿，再想鼓劲是很难的。所以我们不如趁别人松劲儿的时候，一鼓作气赶超他们，争取在六年后的高考中取得最终的胜利。

妈妈和孩子都要记住，我们最终的目的不是中考合格，而是考取东京大学，通过医师国家考试，或通过司法考试。虽然在达到最终目标之前我们还有很多小的目标要实现，也有可能遇到挫折失败。我希望各位妈妈在培育孩子时将目光放得更长远，这样一定会达到最重要的目标的。

图书在版编目(CIP)数据

日本妈妈的学霸小孩养成课/(日)和田秀树著;王筱敏译.
北京:中国经济出版社,2016.1
(好妈妈跟我学·全球教子智慧系列)
ISBN 978-7-5136-3622-3
Ⅰ.①日… Ⅱ.①和… ②王… Ⅲ.①学习方法—家庭教育—通俗读物
Ⅳ.①G791-49 ②G78-49
中国版本图书馆 CIP 数据核字(2014)第 293917 号

著作权合同登记号:01-2015-7738
Benkiyou Ga Dekiru Ko Ni Sodatsu Okaasan No Shuukan

First published in Japan in 2003 by PHP Institute, Inc.
Simplified Chinese translation rights arranged with PHP Institute, Inc.
through CREEK & RIVER CO.,LTD. and CREEK & RIVER SHANGHAI CO., Ltd.

策划编辑 崔姜薇
责任编辑 张 博
责任审读 贺 静
责任印制 马小宾
封面设计 任燕飞装帧设计工作室
插画设计 赵月焱

出版发行 中国经济出版社
印 刷 者 北京科信印刷有限公司
经 销 者 各地新华书店
开 本 787mm×1092mm 1/32
印 张 8.5
字 数 125 千字
版 次 2016 年 1 月第 1 版
印 次 2016 年 4 月第 2 次
定 价 39.80 元
广告经营许可证 京西工商广字第 8179 号

中国经济出版社 **网址** www.economyph.com **社址** 北京市西城区百万庄北街 3 号 **邮编** 100037
本版图书如存在印装质量问题,请与本社发行中心联系调换(联系电话:010-68330607)

“好妈妈跟我学·全球教子智慧系列”读者热评

正在踌躇要不要生老二，先学习一下吧。书中的很多观念都很好，让我增强了很多的信心！

——京东读者“jdxiaoyezg”《日本妈妈的两个孩子养育课》★★★★★评价

书里讲了很多两个孩子的家庭在孩子成长中会遇到的各种问题，让我这个即将成为俩宝妈的人对未来有了一些清晰的认识，在心理上做好了准备。

——京东读者“jd138116odw”《日本妈妈的两个孩子养育课》★★★★★评价

书很好，孩子很喜欢，后悔买晚了。

——京东读者“杨836”《日本妈妈的学霸小孩养成课》★★★★★评价

这是我读过的最有用的育儿书，推荐有娃的家庭，读的轻松，方法易上手，有作用。

——京东读者“36z”《日本妈妈的正能量亲密教养课》★★★★★评价

很喜欢日本书的风格，看着心情就能平静很多，内容不错，强烈推荐给大家。

——京东读者“xiaoxiasun6150”《日本妈妈的温柔批评课》★★★★★评价

日本教育理念的确有独到之处，有家长的帮助、好的学习方法、形成好的学习习惯，就一定能取得好的成绩，不是孩子聪不聪明的问题，而是有没有掌握好的学习方法，这本书推荐给其他家长，书里的方法很细致实用，可以教给孩子。它山之石可以攻玉，值得一读！

——当当读者“那样儿”《日本妈妈的学霸小孩养成课》★★★★★评价

买了一套，感觉很实用，有很多平时生活上的小例子，写得蛮好的，刚看了一本，挺受用的。

——当当匿名读者《日本妈妈的超级收纳课》★★★★★评价

日本人太细致，考试前怎么睡觉也专门出书讲解，话说作者还是研究睡眠医学的世家，专业背景很强。安排孩子考前的作息时间值得参考一下这本书！

——当当读者“阿嚏阿嚏”《日本妈妈的科学睡眠法》★★★★★评价